教育人类学研究丛书

丛书主编 \ 齐学红

教育人类学
田野研究十二讲

杨德睿 齐学红 \ 主编

海峡出版发行集团 | 福建教育出版社

图书在版编目（CIP）数据

教育人类学田野研究十二讲/杨德睿，齐学红主编.
福州：福建教育出版社，2025.8.－（教育人类学研究丛书/齐学红主编）.－ISBN 978-7-5758-0421-9
Ⅰ.G40-056
中国国家版本馆 CIP 数据核字第 20256ML183 号

教育人类学研究丛书

丛书主编　齐学红

Jiaoyu Renleixue Tianye Yanjiu Shi'er Jiang

教育人类学田野研究十二讲

杨德睿　齐学红　主编

出版发行	福建教育出版社
	（福州市梦山路 27 号　邮编：350025　网址：www.fep.com.cn）
	编辑部电话：0591-83779615
	发行部电话：0591-83721876　87115073　010-62024258）
出 版 人	江金辉
印　　刷	福建东南彩色印刷有限公司
	（福州市金山工业区　邮编：350002）
开　　本	710 毫米×1000 毫米　1/16
印　　张	13.25
字　　数	184 千字
插　　页	2
版　　次	2025 年 8 月第 1 版　2025 年 8 月第 1 次印刷
书　　号	ISBN 978-7-5758-0421-9
定　　价	39.00 元

如发现本书印装质量问题，请向本社出版科（电话：0591-83726019）调换。

序 言 一

这本文集是"教育人类学'学、思、行'系列讲座"中十二场讲座的内容汇编,而这个"教育人类学'学、思、行'系列讲座",是基于全国教育人类学学术委员会理事长齐学红教授的倡议,于2021年起设立的线上讲座系列。该系列从当年10月10日巴战龙教授所做的首场讲座起,至今已经举办了十多场,其间邀请到的演讲者,有成名已久的学界前辈,有正当盛年的中坚骨干,更有不少青年新锐,他们的研究对象、关注主题、理论视角各异其趣,可以说非常贴切地体现了教育人类学这个学门包罗万象、多姿多彩的个性。此外,除了演讲者发表的论文,本书也扼要收录了点评人的点评、听众的提问,以及演讲者对点评和提问的回应。借由这种体例,我们希望能比较真实地再现那些讲座里活跃的对话氛围,并给读者们提供多一点另类的思路。

尽管这十二篇讲演的题目看上去令人眼花缭乱,我们还是不难从中理出三大主题,即教育与中国的现代化发展、"具身"或"具身性"(embodiment)的教学,以及跨文化比较与对话。

诚如巴战龙教授在本书开篇第一讲《迈向"新教育人类学":教育人类学新范式的构想与假说》当中所指出的,如何处理"现代性"与"多样性"之间的关系,一向是教育人类学的根本课题。的确,这一评断无疑也适用于中国的教育人类学。因此,并不令人意外的,本书所收录的十二篇讲演当中明确与这一主题有关的占到了五篇之多，包括魏峰教授的《民国时期的乡村建设与乡村教育——以陶行知、晏阳初和梁漱溟为中心的考察》、吴晓蓉教授的《促觉悟　提能力：中国共产党乡村扫盲教育的历史回顾（1919—1956）》、袁同凯教授的《竹篱"内""外"——土瑶学校教育的民族志反思》、刘夏蓓教授和高娟副教授的《别样的女权主义：海南乡村女性的"生计教育"》，以及赵杰翔博士的《乡村的教育士绅化——"新村民"的另类教育与生活实践》等。

略详言之，魏峰教授所讨论的是 20 世纪 20—30 年代间昙花一现的乡村建设与乡村教育运动，而吴晓蓉教授所回顾的，则是中国共产党从 1919 年起一路推展到 1956 年的乡村扫盲教育运动，这些运动都发生在我国正遭受列强欺凌、国内战祸频仍、民生凋敝至极的"救亡图存"时期，因此也可以被视为同一场波澜壮阔的"教育救国运动"当中的不同流派。从这两篇讲演中，我们可以看到占中国人口绝大部分的贫困农民和工人如何被动员起来，参与到现代化的专业教育机制（学校教育，schooling）之中，一边学习读写能力，一边吸收教育者有意无意灌输给他们的各种承载着现代性的信息，从而被培养成近百年来中国飞速现代化建设取之不尽的人力资源。

与以上两篇讲演截然不同，袁同凯教授、刘夏蓓教授团队和赵杰翔博士的三篇讲演所讨论的故事，其背景已不再是急于追赶现代化以求"救亡图存"的那个中国，而是改革开放已经二十年以上、九年义务教育制度已经实施十余年的一个高度工业化的 21 世纪中国。在这样的一个中国里，现代性已经成为浸润、包覆了人民生活一切方面的主流文化性质，同时也就成为一种普遍标准，让不愿意或者缺乏环境条件去适配现代性标准的部分少数民族陷入了文化失调的困境，成为中国整体现代化进程中"落队"的尴尬队友，袁同凯教授所讲述的广西大桂山脉之中的土瑶学校，就是这当中的一个典型的案例。

不过，相对于土瑶的尴尬处境，也有一些文化传统异于主流汉族文化的少数族群，其文化传统在某些因缘俱足的情况下，会表现出比主流族群的文化更能与现代性适配的效果。比如刘夏蓓教授团队所研究的海南万宁市三更罗镇的农村女性，当地特殊的"男逸女劳"的性别分工传统原本具有剥削、贬抑女性的效果，但随着海南省政府自2020年起推行聚焦于女性的"生计教育"，该传统却有效地催生出了一批优秀的女性带头人，使当地社会更快更好地实现了"女权"这一现代理念。

事实上，对现代性感到适应困难的，绝不仅是广西大桂山脉里的土瑶，或许最想要挣脱现代性的宰制的，恰好就是已经在现代社会里获得了"成功"的弄潮儿，赵杰翔博士所描述的广东省仙河村阳光华德福学校的家长们，就是这样的典型。这些年收入多半在25万到200万元人民币的中产阶级父母花大钱（以及相当大的劳力）将孩子带离所谓"教育资源集中"的大都市里的"好学校"，去一所农村里的小学积极地学习当"新村民"。然而，与其说是对现代性的反抗，说他们是现代性的最新发展或许更为贴切，因为他们所建构的"华德福圈"其实与陶行知、晏阳初、梁漱溟等先生在百年前提出的现代乡村理念颇有类似之处，二者都期望以乡村学校为中心建立一个富于公共性和人本主义精神的乡村社会。

总结以上这五篇讲演，它们分别从不同的时代、区位、场景和人群，为我国教育在最近这一个世纪来不断追赶现代化的宏伟征程，拍摄出了一系列细致而生动的留影。这些留影既呈现了先烈先贤曾经的悲痛、忧心、焦虑而今凝结成的沧桑，也记录了许多令人欢快的胜利。我们能从中读出被坚船利炮逼着抛弃传统文化而仓皇走上现代化道路的痛苦，在举国奔向现代化的进程中落队者的困窘无奈，也能欣喜地看到现代化带来的解放、富足和自由，甚至发现一些享受到现代化所带来的福利的人们开始将对前现代的乡愁化为行动，从而以一种意料之外的路径或多或少实现了近百年前先贤曾怀抱的梦想。

本书的第二项主题——"具身"或"具身性"的教学，主要体现在张志坤副教授的《仪式教育的再发现》、刘畅博士的《长大成人：以幼儿园为田野的教育人类学探究》，以及刘谦教授的《儿童饮食教养的反身性思考》这三篇讲演当中。

"具身"或"具身性"这一概念缘起于人类学界向来对于肉身的重视和兴趣，然而，直到20世纪80年代中叶以前，人类学界还是普遍将肉身视为受心智（mind）所支配的对象，因而主要将身体解读为社会规范、象征意义等抽象意念的载体，没有正视肉身的主体性、能动性以及自在的沟通潜力。然而，这一切自20世纪80年代中叶起开始改变，以"具身性"为旗帜的人类学展开了对传统的身体研究的批判，日益明确地否定西方传统的身心二元论，越发重视肉身对其栖居的周遭世界活生生的感受，并强调应打破肉身作为一个边界封闭之实体的想象，正视肉身的多孔性，把肉身视为与周遭环境不断交流、互渗、化育过程的场域及后果。① 就教育人类学这一领域言之，具身性概念的感召，主要体现为绕开借助语言、文字、符号为中介的教学，聚焦于观察肉身如何在特定环境或场合中居处、行动而获得特定的感官体验，从而习得特定的情感模式、反应技术以及意义领悟。简言之，具身性概念号召我们放下教材、标语和老师们的"言教"，仔细观察学生们在不同场景、环境中获得的亲身感受，然后分析他们从中学习到了什么不可言传或至少难以言传的东西——那种或许可以称为主体性（subjectivity）的东西。②

显然，张志坤副教授所谈的仪式教育，正是具身性概念号召我们重点关注的领域之一。在这篇演讲中，他指出儿童模仿仪式的操演，当然也是

---

① "具身性"这一概念自20世纪80年代中叶兴起以来，由于被大量学门应用于各种千奇百怪的话题领域，如今已很难论断出一个明确的意义，因此只能在此声明：本文对此一概念的用法，将尽可能遵循《体现与体验：文化与自我的生存根基》（*Embodiment and Experience: The Existential Ground of Culture and Self*）与《超越肉体：物质生活的人类学读本》（*Beyond the Body Proper: Reading the Anthropology of Material Life*）这两本人类学论文集对其意义所做的经典性阐释。

② 与"具身性"的情况类似，"主体性"的意义也已经因为应用太广而漫漶难辨，故仅此声明，本文对此一概念的用法，将尽力遵循人类学者奥尔特纳（Ortner, S. B.）和鲁尔曼（Luhrmann, T. M.）的阐释。

一种"智力上的学习"（即习得如何用语言表达此种仪式的名称和意图），但更重要的是手势、姿势、表达或表演等具身的学习，这些通过模仿习得的行为，常能表达比言语更为切肤、真挚的情感，从而形塑人的精神意念，因此，仪式教育是道德教育的关键手段。

类似于张志坤副教授，刘畅博士的讲演也以幼儿园孩童的"日常仪式"为主题——只不过她所关注的不是升旗之类具有强烈象征意涵的仪式（ritual），而是"入园"这一反复操演的固定行为模块（routine）。依据她对上海的紫竹幼儿园和美国佐治亚州的春田幼儿园的两个三到四岁儿童就读的班级所做的田野调查以及摄像记录，刘博士深入讨论了中美两国的孩子在"入园"而与家长分离这一日常仪式中获得的具身体验，随着空间的规划设计以及大人们的行为模式不同而有了巨大的差异，结果美国孩子表现出相对夸张的分离焦虑，而中国孩子则表现出相对非常"早熟"的淡漠。最终，刘博士似乎暗示：中美两国大人们所奉行的不同文化脚本塑造了孩子们的具身体验，从而使孩子们习得了不同的主体性，而这习得的不同主体性在未来可能又将反过来，成为合理化既定文化脚本持续存在的理由。

刘谦教授的讲演延续了日常仪式这一关注焦点（但她用的主要是"秩序"一词），只是把场景从发生在校门口的"入园"，转移到了发生在食堂里的"就餐"。她凭借在北京白鸽幼儿园所做的细致的田野调查，分析了孩子们如何通过"吃饭"这种日常仪式具身地习得了权威、秩序、大人们之间的权力关系、耍小诡计阳奉阴违等等，从而形成了他们的主体性。

以上这三篇讲演都一致以年龄较小的孩子为对象，也都一致地选取了某种反复操演的日常行动模块——升旗、入园、就餐——为舞台，来仔细观察孩子在这当中获得的具身性感受，进而分析这些具身感受将如何形塑孩子们的主体性（尽管张志坤副教授是用"情感""精神意念""道德"来表达类似的意思）。就此言之，它们无疑都是循着"具身性教学"的基本思路展开的，并闪现了这条思路在学术发展上的巨大潜力，期望在这几篇珠玉的带动之下，国内的教育人类学界将能针对不同年龄、职业、性别的人群，产生出更多更深入细致的研究。

　　与本书的第三个主题"跨文化比较与对话"有直接关系的，包含刘畅博士的《长大成人：以幼儿园为田野的教育人类学探究》、芬兰学者安妮·卡雅努斯副教授的《中国和英国儿童发展与教育的比较视角》、海路副教授的《从教育民族志凝视世界——中国海外教育民族志的历程、特征与展望》，以及陈·巴特尔教授的《守望·理解·自觉：教育的文化探索之旅》四篇讲演，前两篇是演讲者自身的具体研究项目成果，后两篇则是学术史的观察评论。

　　由于前文已经介绍了刘畅博士的中美幼儿园孩童"入园"的比较研究，此处不赘。或许是因为研究对象是已经能够驾驭语言文字的小学高年级学生，或许是因为安妮·卡雅努斯副教授关注的课题"儿童对等级和社会地位的理解"在发展心理学、认知心理学等领域已经有了很扎实的基础，所以她除了人类学者惯用的田野观察、访谈等方法外，还使用了在人类学界罕见的心理学实验法！尽管她的核心论点终究还是从观察孩子们打球、生日宴会中的斗舞、阅读"孔融让梨"的典故，以及访问孩子们对"谦让"的理解等等典型的人类学研究手段得来的，但实验的确以数据验证了她的论证，并且以统计差异较为精细地呈现了儿童认知发展的轨迹。无论如何，她借由征引从灵长学到文化人类学等多学科的成果，采用了多种研究方法，极为有趣地呈现了中英两国儿童习得"等级"和"社会地位"观念的内容与过程差异，尤其是较大的中国孩子习得的"谦让"观念与较大的英国孩子从辩论的修辞当中习得的"有礼貌地捍卫自我利益"这两者之间的对比，可谓深有见地。

　　由于其体例实质是汪洋闳肆的学术史观察评论，或是老师宿儒毕生治学阅历的总结，海路副教授和陈·巴特尔教授的讲演虽都与"跨文化比较与对话"有直接关系，但更宜于拿来与巴战龙教授的《迈向"新教育人类学"：教育人类学新范式的构想与假说》对照研读，如此将能让读者们迅速对中外教育人类学的发展史获致一个梗概，并且能借由一位业界前辈（陈·巴特尔教授）从内蒙古走向新西兰、澳大利亚的自传式记述，更亲切地理解到我国的教育人类学是如何从百余年前的滥觞，蹚过了在教育学和人类学范式之间摆荡不定的彷徨犹豫，经历海路副教授所谓的三个出海阶段（20世纪20—70年代、20世纪80年代—2010年、2011年以来），终于颠颠簸簸地走到了今天。

如今呈现在各位读者面前的这本演讲录，或许已足以显示巴战龙教授在演讲中对中国教育人类学界提出的诸多殷切呼吁，诸如兼纳百家之长，不囿于门户、不敝帚自珍、不跑马圈地、不强调学科归属、构建学术共同体、提升理论构建能力等，已经得到了虽微弱但坚实的呼应，期望学界同仁们能把握此一契机，不忘初心，砥砺前行，逐渐趋近陈·巴特尔教授"构建一个开放、包容、合作、创新的学术场域"的理念。

杨德睿
2025年4月10日

参考文献：

Csordas, Thomas, ed. 1994. *Embodiment and Experience: The Existential Ground of Culture and Self*. Cambridge, UK: Cambridge University Press.

Farquhar, Judith, Margaret Lock, eds. 2007. *Beyond the Body Proper: Reading the Anthropology of Material Life*. Durham, NC: Duke University Press.

Luhrmann, T. M. 2006. Subjectivity. *Anthropological Theory*, 6(3): 345-361.

Ortner, Sherry B. 2005. Subjectivity and Cultural Critique. *Anthropological Theory*, 5(1): 31-52.

序 言 二

　　本书不仅汇聚了国内教育人类学界最顶尖的几位资深学者的报告,还包含了几位在国外深造的青年学者新鲜出炉的研究成果,同时还有多位专家的点评与讨论,堪称一部具有学术传承、前沿研究和思想交锋的教育人类学文集。本书的主题围绕着教育人类学学科的核心议题展开,包括教育人类学的新范式、海内外民族志新展望、教育文化、教育仪式、乡村教育、少数民族教育、幼儿教育与儿童成长、女性教育等,构成了涵盖教育人类学的基本理论、民族志方法和田野实践与反思的综合性文本,对于读者深入了解教育人类学的新动态、新思路和研究方法具有重要的价值,对于拓宽国内教育人类学的研究视野和启迪更多青年学子加入到教育人类学的研究实践中来具有重要的意义。

　　对于教育人类学在中国的发展来说,本书同样意义重大。教育人类学在国内有偏向人类学和偏向教育学的两个传统,而它们之间的分野势必会影响教育人类学学科整体的发展。而本书恰是两个传统之间所做的一次坦诚对话,这样的对话势必让从事人类学和教育学的同仁都感到兴奋。大家在共同的话题下,从各自不同的切入点提出观点,并交互学习彼此的思想精髓,找到融汇点,这对于形成教育人类学的新思路和新范式将具有重大的推动作用。正如著名人类学家格尔兹在对法律人类学的新界定中指出,法律人类学不是法学与人类学简单的学科交叉,而是抽离其特质后融合而成的一门新学科，他称为"地方知识"。而他所谓的地方知识恰恰是在普遍性思维模式下人类学比较性研究的探索。我们也期待在这样的对话下，有充分交流和积累的教育人类学理论会出现更高的升华。

在AI新时代，社会科学的发展遇到了新挑战，人类学因其独有的"手工"获取知识的特质而或能暂时躲避其冲击。不过，在此过程中，涉学未深的年轻学子们会倍感困惑，教育的意义何在，人类学是否还能完成文化意义的书写？对于这些困惑，让他们看到新的研究或许方能消解，从而让他们更深切地理解教育人类学的价值所在。这也是本书在当下出版所具有的另一种意义所在。

杨渝东

2025年3月31日

目 录

教育与中国式现代化

迈向"新教育人类学":教育人类学新范式的构想与假说……… 巴战龙　3

民国时期的乡村建设与乡村教育

　　——以陶行知、晏阳初和梁漱溟为中心的考察 ………… 魏　峰　10

促觉悟　提能力:中国共产党乡村扫盲教育的历史回顾(1919—1956)

　　……………………………………………………………… 吴晓蓉　20

竹篱"内""外"

　　——土瑶学校教育的民族志反思 …………………………… 袁同凯　35

别样的女权主义:海南乡村女性的"生计教育" … 刘夏蓓　高　娟　52

乡村的教育士绅化

　　——"新村民"的另类教育与生活实践 ………………… 赵杰翔　67

具身或具身性教学

仪式教育的再发现 ………………………………………… 张志坤　95

长大成人:以幼儿园为田野的教育人类学探究 …………… 刘　畅　114

儿童饮食教养的反身性思考 ……………………………… 刘　谦　130

跨文化比较与对话

中国和英国儿童发展与教育的比较视角 ·············· 安妮·卡雅努斯 151

从教育民族志凝视世界

　　——中国海外教育民族志的历程、特征与展望 ·············· 海　路 170

守望·理解·自觉：教育的文化探索之旅 ·············· 陈·巴特尔 185

教育与中国式现代化

迈向"新教育人类学":教育人类学新范式的构想与假说

巴战龙

(北京师范大学)

【讲座提要】

中国教育人类学学会"学·思·行"系列讲座之"迈向'新教育人类学':教育人类学新范式的构想与假说"于2021年10月10日14:00—17:00在线上举办,来自全国各地的百余名师生参加了学习与讨论。本期讲座由北京师范大学社会学院人类学与民俗学系巴战龙教授主讲,南京师范大学道德教育研究所齐学红教授主持,南京大学社会学院人类学研究所杨德睿教授点评。

"何谓教育人类学"是一个令包括人类学和教育学研究在内的社会科学从业者困惑不已的问题。传统上,教育人类学的界说范式是"归属+对象+方法",但这一界说范式在知识的更替速度日趋加快、知识生产竞争日趋激烈的今天显得苍白无力,学科界说范式转换迫在眉睫。回顾与检视改革开放后社会科学重建以来的学科发展历程,可以看出教育人类学传统界说范式的实质是学术领域的"圈地运动",浸淫其中的学术政治比例和浓度过大。鉴于当前学科竞争日趋激烈的现实,教育人类学界应该主动作为，适时将界说范式从传统范式转换到新的范式，即"论题＋主题＋策略"的"新教育人类学"上来，重塑这门学科生产新知和洞察生活的能力，走"积累性知识生产"和"标志性作品打造"两轮驱动的发展之路。

全世界有十几种语言讲述的教育人类学。从整个世界的情形来看，其中三种语言讲述的教育人类学相对来说具有一定程度的原创性。第一种是英语世界的教育人类学，起源时间很早，主要以经验研究为主。其核心是讨论文化与教育，它经常把教育看成文化的一个具体事项和具体的组成部分，来看文化是如何影响教育的，而教育又是如何回应文化的需求的。它的知识基础主要是以文化人类学加教育研究进行组合的。研究方法主要以民族志为主。第二种是德语世界的教育人类学，以思辨为主，主要探讨人性与教育，知识基础主要为（神学）哲学人类学加教育研究，研究方法主要采用以知识综合为主的思辨研究，其核心研究路径为现象学。第三种为汉语世界的教育人类学。教育人类学多年来被认为是改革开放后才有的学问，这是一种典型的叙事框架，但是这种叙事框架是错误的，实际上教育人类学是伴随着教育学从日本舶来时就进入了中国学术界。汉语世界的教育人类学虽然发展坎坷，但是其核心主题一以贯之，就是现代性与教育的问题。改革开放以后中国教育人类学的核心发展路径主要有两种：一种是通过比较教育研究介绍了美国和德国的教育人类学；另外一种主要是从台湾中转引进的教育人类学。因为在人类学恢复重建中，文化人类学起到了主要的作用，今天汉语世界的教育人类学的知识基础主要为文化人类学加教育研究，研究方法主要是民族志为主的经验研究。

汉语世界教育人类学的研究主题有哪些呢？经典研究主题有：民族教育研究、乡村教育研究、语言教育研究、音乐教育研究、流动人口子女教育研究、学科本体教育研究。涌现中的研究主题有新教育现象研究（例如"在家上学"等话题）、海外教育研究、儿童/青年生活研究、人类学习研究、地方教育学研究、新教育人类学研究等。

另外需要说明的是,"教育人类学＞人类学＋教育研究",教育人类学有将近一个世纪的发展历程,它有一些既不是人类学也不是教育研究的组成部分,它有一些独立的理论构建。从整体上,教育人类学的理论取向是科学与人文并重的,它的基本定位是一门社会科学。全球教育人类学的发展趋势有:研究主题更多是对时代问题的回应,探究时代问题的全球脉络;在方法上主要是民族志方法的拓展和革新,例如视觉方法的运用、图像的介入等带来很多民族志方法的拓展,另外,对于比较研究方法的规范和应用正在恢复;理论上主要是构建理论谱系和世界图像,强调理论创新和知识融合。

以上介绍主要是希望对教育人类学感兴趣的学者,尤其是年轻的学者不要简单地用中国和西方二分的框架和话语,因为西方并不是铁板一块,西方是多样性的,同理,西方教育人类学也是多样性的。

接下来介绍新教育人类学。通过王国维之问——何谓教育人类学,回到学科根本的问题。要回答这个问题,就需要考虑有着116年历史的汉语世界的教育人类学,在新的时代情境中究竟该如何推陈出新呢?从历史发展脉络上看,2001年以来中国教育人类学快速发展,标志性事件是滕星教授出版了他的专著《文化变迁与双语教育》,这本书是直接推动教育田野研究发展的里程碑式著作。2001年后教育人类学以一个学科的标签开始出现,各种各样的学科建设活动迅速提上日程,主要表现为教育人类学研究队伍形成并且比较活跃,教育人类学作品涌现并且引起国际学术界的关注,教育人类学专业委员会成立并连续举办学术活动。但随着发展,中国教育人类学也面临一些挑战,如教育人类学研究队伍中学术中坚力量薄弱,"业余爱好者"居多,教育人类学知识生产能力较弱,学术作品质量的极差较大,整体上处在低水平再生产中。一般来说,社会科学在面临挑战时的一般应对策略主要有:构建新的理论范式、运用新的研究方法、经典学科改变研究层次、交叉学科改革学科归属等。那么教育人类学究竟如何应对当前的挑战？个人认为推动学科界说范式转换是个上佳的选择。

教育人类学传统的界定方法是学科归属＋研究对象＋研究方法。首先来看一下，传统学科界说范式中教育人类学的学科归属的不同说法。冯增俊、李政涛等人将教育人类学学科归属于教育学的分支学科，庄孔韶、滕星等人将教育人类学学科归属于综合性边缘学科，钱民辉、巴战龙等人将教育人类学学科归属于人类学的分支学科。学者们对教育人类学的研究对象也有不同的看法。例如林耀华认为其研究对象是教育的本质、人的本质、教育的观念和行为；庄孔韶认为其研究对象是文化传递人性的转换；滕星认为其研究对象是多元一体化教育；顾明远认为其研究对象是教育的发生发展；刘玉玲认为其研究对象为人的教育；等等。在教育人类学的研究方法上，主要强调三大法宝，分别是田野调查、民族志撰写和理论建构，比较忽视跨文化比较研究。

审视传统学科界说范式，我们可发现其弊端主要有：在对于"何谓教育人类学"的问题上好像谁都懂，但都不是特懂；无谓的科学归属争论造成不必要的内耗；属于科学领域的"圈地运动"，学术政治的比例较大；漠视比较研究视角，"本土化"的霸权话语流布甚广；知识生产能力较弱，科学精神欠缺，具体表现为知识生产点多面广、非积累性和非激励性。

基于此，我们提出新的学科界说设想——教育人类学应该重新界定学科。教育人类学的根本研究论题是现代性与多样性的关系。现代性是一种应然的承诺，一种规范层面的东西，而多样性是事实层面、实然层面的东西。教育人类学处理的现代性与多样性的问题实际上也就是社会科学处理的规范与事实的问题。现代性与多样性的关系从逻辑上推断有三种：现代性排斥多样性；现代性吸纳多样性；现代性生产多样性。教育人类学的核心主题是学校教育的文化选择的问题。目前已经发展出三种研究视角：差异的视角、系统的视角与过程的视角。其中差异视角是最基础的视角；系统的视角是一个规范的视角。教育人类学的主要研究策略——案例研究，是一种灵活的研究策略，20世纪80年代以后在社会科学中快速兴起。案例研究有多种类型，如发现导向的案例研究、理论导向的案例研究和拓展导向的案例研究。

新的学科界说范式可以带来新的愿景。愿景一：不再强调教育人类学的学科归属，转而强调教育人类学学科群的知识互惠；不再强调教育人类学的研究对象，而是强调教育人类学的"领地"是"做"出来的，不是"划"出来的；不再强调教育人类学的研究方法的独特性，而是强调策略的综合性和适切性，具体研究方法的流动性。愿景二：重塑知识生产的能力，对于积累性知识生产和标志性作品打造，提升理论构建能力；弘扬科学精神，构建学术共同体。

当前中国教育人类学面临一系列挑战，应对这些挑战的策略可能是多元的，但是推动学科解说范式转换是上佳选择。

与传统的教育研究相比，教育人类学研究的独特价值体现在三个方面。第一，推崇以较长时段参与观察为基础的经验研究；第二，推崇从"当地人"的视角出发，强调兼具主位和客位视角；第三，推崇跨文化比较研究，强调推己及人和反求诸己的精神。

❋ 专家点评与互动交流

杨德睿教授：

讲座内容非常丰富，信息量很大，针对巴教授的一些观点我很有共鸣，以下就这些点进行说明，帮助大家更好地理解巴教授的讲座精神。我想呼应巴教授的一个观点是我们要转换现在的学科范式，最好对过去的教育人类学有一个掌握，用三个主要的问题意识来理解长期以来教育人类学的变化。三个关键词：文明、文化、生存。第一个是文明。在欧陆传统教育中，卢梭、涂尔干等人主要研究、追问怎样通过一些方式提升人类文明水平，这是第一阶段，但这一个阶段常被遗忘。这个阶段的特色就在于对人类文明的探索，即探讨人类何以成为文明的承载者和开创者。通过教育人类学探索人性，基于人性探索怎样开展教育，怎样通过教育的方式让人类能够承载最高文明。第二个是文化。人类世界有各种不同的文化、不同的价值观,这些不同的文化和价值观怎么传承,这个时候对教育提出的问题不是怎么使得人超凡入圣或者说体现最高文明,它提出的问题应该是各种不同的文化怎么和平共处和相融。大部分人认知的是这一阶段的人类学,对第一阶段则遗忘了。第三个是生存。世界文化激烈竞争,世界在变化中,教育的问题是怎么教学生适应这个急剧变化的世界,这也是教育人类学要解决的问题。

齐学红教授:

两位老师讲得非常精彩,很受启发。巴教授呈现了教育人类学科一百多年的发展历史,对于教育人类学的老师和同学来说,都是一项建设性的工作,应有一种历史感看待教育人类学。第二个受启发和鼓舞的是教育人类学大于教育学与人类学的论断。同时,杨教授的三个核心议题——文明、文化与生存,是一个非常好的问题意识指向,能够摆脱或者解决教育人类学当下"领地"、归属等问题。教育人类学的研究还是要回到问题本身,这是摆脱外界困扰的一种方式,去揭示现代性与多样性的关系,着重思考在文明、文化与生存上作出怎样的回答与解释。两位专家的对话给我们很大启示,我们应该把教育人类学做到既有本土性又有普适性,以回应巴教授提出的观点,也就是我们教育人类学的"领地"是"做"出来的,不是"划"出来的。

【作者简介】

巴战龙,男,裕固族,甘肃肃南人,民族学博士,北京师范大学社会学院教授,博士生导师;兼任中国人类学民族学研究会教育人类学专业委员会副主任和中国民族学学会常务理事。主要从事教育人类学和政治人类学研究,关注学校课程、教育理论、社会理论和国家理论。

先后在《教育研究》《全球教育展望》和 Children and Youth Services Review、Chinese Education and Society 等学术刊物发表中英文学术论文

60余篇。出版有学术著作《学校教育·地方知识·现代性：一项家乡人类学研究》(2010)、《经济文化类型与校本课程开发》(合著，2012)、《教育人类学视野中的裕固族教育研究》(2017)、《教育改革与文化转型：人类学随笔集》(2017)和《多样性与裕固学：基于人类学的探索》(2018)。合作主编有"裕固族现代学校教育与文化传承研究丛书"（第一辑，2016—2021）和学术文集《中国裕固族研究》（第一辑，2011；第二辑，2013）。与他人合作编辑或参与编写的学术图书和课程教材有《中国裕固族研究集成》(2002)和《民族教育理论与政策》(2009)等16部。获第四届全国教育科学研究优秀成果一等奖（2011）和第六届高等学校科学研究优秀成果奖（人文社会科学）三等奖（2013）。

民国时期的乡村建设与乡村教育
——以陶行知、晏阳初和梁漱溟为中心的考察

魏　峰

（上海师范大学）

【讲座提要】

中国教育人类学学会"学·思·行"系列讲座之"民国时期的乡村建设与乡村教育——以陶行知、晏阳初和梁漱溟为中心的考察"于2022年3月26日14：00—17：00在线上举办，来自全国各地的百余名师生参加了学习与讨论。本期讲座由上海师范大学教育学院魏峰教授主讲，南京师范大学道德教育研究所齐学红教授主持，南京大学社会学院张玉林教授、杨德睿教授及南京大学建筑与城市规划学院罗震东教授点评。

民国时期，外敌入侵、国家政权下移、乡村经济资本与人力的外流等因素共同作用，导致乡村社会处于危机之中。一大批知识分子和工商界领袖投身于乡村建设，力图改善乡村社会状况。其中，发展乡村教育是推进乡村建设的重要抓手。陶行知、晏阳初、梁漱溟等著名学者分别在南京晓庄、河北定县、山东邹平开展乡村建设和乡村教育，形成了不同的模式。这些模式在实践层面和理论层面都有共同的特征，也有不同的侧重点。从人类学的

视角考察民国时期的乡村建设和乡村教育发展，可以有助于我们理解乡村建设者、民众及其背后的社会文化之间的关系，进而探讨其成功的原因及可能的局限，以为今日之乡村振兴提供思想和实践的启示。

一、研究缘起

首先谈谈这一研究的缘起。一是学术的传承与学术共同体建设。中国教育人类学学术委员会利用周末时间搭建了这样一个平台，其实是在为不同学科的、跨学校的学术共同体建设做贡献。二是个人的阅读与研究体验。我之所以在三个月前答应了这场讲座任务，是与自己个人这么多年来关于乡村教育的阅读研究体验密切相关的。三是乡村振兴中的冷思考。在乡村建设、乡村振兴热的这样一种背景下，我们需要冷静思考，今天的乡村振兴与民国时期的乡村建设有什么不同？民国时期的乡村建设与今天的乡村振兴是一个连续体，还是断裂了？民国时期的乡村建设对我们今天的乡村振兴有什么样的启迪意义？作为研究农村问题的学者，有责任去回应这样一些问题。

二、民国时期的乡村衰败以及乡村建设的整体状况

梁漱溟先生有一句非常著名的话："一部中国近百年史，从头到尾就是一部乡村破坏史。"大家都知道，在中国社会的发展中，乡村一直是一个根基，费孝通先生在《乡土中国》的开篇就说，从基层上看中国社会是乡土性的。中国的乡土社会为中国社会的整体发展提供了一种基本的物质

基础，比如粮食、各种日常的生活用品等等，同时也为中国社会贡献了人力，比如历次战争中抓的壮丁，以及通过科举考试制度为中国的上层社会贡献了人力资源。同时，中国乡村社会更重要的是为中国社会提供了一个稳定的底盘。比如，精英人群在城市里受到挫折以后可以告老还乡，把城市资金、城市文化带回乡村，然后继续教育自己的下一代，再通过科举考试这样一些措施把它带进城市，进而形成一种良性循环。但是近代以来，伴随着外国力量的入侵，国内战争频繁发生，加上中国商品经济的发展，中国的乡村其实遭到了一种根本性的破坏。比如说由于战争和自然灾害，重要的农业产区，尤其是粮食主产区的耕地遭到了破坏，中国有大半省份的粮食生产面积在降低，农村的自然经济产生了解体，农民被动地卷入了商品经济的旋涡，乡村经济遭受了全方位的破坏，最后导致了城乡关系的变化。随着社会的发展，城乡之间的鸿沟越来越明显，城乡之间的关系发生了背离。还有一个值得提出的就是鸦片种植大幅度扩张，占据了耕地，影响了生态环境，尤其对很多农民来讲会产生一种恶习，影响劳动力的基本素质，等等。

民国时期乡村衰败的原因是多方面的，国际国内的双重破坏、天灾与人祸，以及政治经济文化的全方位破坏。而要拯救乡村、建设乡村、发展乡村，需要政府的追求、实业界的努力和知识分子的投入等等。在这个过程中形成最为突出的模式，或者说取得最为突出成就的就是今天我要跟大家交流的三位学者：陶行知先生、晏阳初先生和梁漱溟先生。

三、陶行知、晏阳初和梁漱溟的乡村建设和乡村教育思想与实践

（一）陶行知的乡村建设和乡村教育思想与实践

陶行知先生的生平与教育生涯可以概括为"为一大事来，做一大事去"，一生办学，奉献于平民百姓的教育。1927年，陶行知先生在晓庄试

验乡村师范学校,在开学典礼上,陶行知先生说了一段非常令人振奋的话。他说:"今天是我们试验乡村师范开学的日子。我们没有教室,没有礼堂。但我们的学校是世界上最伟大的,我们要以宇宙为学校,奉万物作宗师。蓝色的天是我们的屋顶,灿烂的大地是我们的屋基。我们在这伟大的学校里,可以得着丰富的教育……"晓庄成为中国乡村师范的中心,成为乡村示范的样板。在晓庄,整体上来讲陶行知先生遵循的是生活教育理论,他对杜威的教育即生活、学校即社会的思想进行了改造。他认为生活即教育,社会即学校,教学做合一。他重视人的手脑并重,主张人在劳力上劳心。陶行知先生说"人生两件宝,双手和大脑,双手能劳动,大脑能思考"。所以他提出要在劳力上劳心,要让种田的人学会思考,要让读书的人学会劳动。陶行知先生认为在这样的师范里读书也是为了改造社会,陶行知先生坚持以教育建设乡村,认为"乡村学校是今日中国改造乡村生活之唯一可能的中心"。陶行知先生还提倡知识分子要和老百姓做朋友,教学做合一,大家共教、共做、共学。

陶行知先生跟一般教育家的不同之处在于,他强烈地主张通过教育改造社会。他在晓庄的办学实践,最终是为了让晓庄成为改造乡村生活的中心,让晓庄的附属小学成为改造当地村子生活的中心。陶行知先生认为,改造社会如果不从办学入手,就不能改造人的内心;不能改造人的内心,并不是彻底的改造社会。反过来说,如果办学不包括改造社会的使命,就是没有目的,没有意义,没有生气的。所以,教育在最终意义上就是一种社会改造。1930年,晓庄学校被国民党政府查封,陶行知先生被通缉,跑到了日本。在淞沪会战爆发以后,他又回到了上海,成立了著名的山海工学团,"工以养生,学以明生,团以保生"。陶行知先生做这么多事情,其实也有他的思想基础。他和梁漱溟先生其实都受到明代大儒王阳明的影响,从"知行"到"行知",此外还有民主与科学以及学校与社会的联通等思想基础。

(二)晏阳初的乡村建设和乡村教育思想与实践

晏阳初先生在中华人民共和国成立以后主要活跃在国际上,跟陶行知、胡适、蔡元培等这样的一些文化名人相比,国内对他的宣传是非常少的,而实际上晏阳初先生在国际上的影响力非常大。晏阳初的生平与教育经历可以概括为"从法国到定县,从中国走向世界"。1925年到1937年间,晏阳初在河北定县进行实验。当时在中国社会开展平民教育其实是非常困难的,他说有三难:一是"文难",中国的文字难写,所以晏阳初先生采取了注音的方法;二是"忙难",中国的老百姓要谋生,所以后来采取夜校等一些方式解决老百姓"忙难"的问题;三是"穷难",所以要尽可能地降低扫盲的成本。此外,为了解决"穷难""忙难"的问题,晏阳初先生还开展生计教育,用生计教育来治贫,比如说开展棉花的改良、小麦品种的改良、猪的品种的改良等,还有开展农民合作社,通过农民合作社和棉花采购商讨价还价。除此之外,他还开展了卫生教育,建立卫生保健制度;开展公民教育,增强团结力。晏阳初先生的四大教育通过三大方式来开展:学校教育、家庭教育和社会教育。

在进行乡村建设的过程中,晏阳初先生的思想基础可以概括为"3C+10信条"。"3C"是指孔子、基督教和苦力;"10信条"是晏阳初先生在乡村改造过程中提炼的工作的十大信条。第一是深入民间,像老百姓那样思考;第二是要与平民共同生活,向平民诚心学习;第三是要与平民共同计划,共同工作;第四是要从平民的所知开始,用他们的已有来改造,而不是用自己的知识去压制他们的知识;第五是以表证来教习,从实干来学习,在操作中学习;第六不是装饰陈列,而是示范模型,不做表面文章;第七不是零零碎碎的,而是整个体系的;第八不是枝枝节节的,而是通盘筹划、通盘考虑的,他不只是摆脱经济的生活的困境,而是在摆脱生活困境的过程中,能够开发出个人的发展和创造的能力,让整个社会都得到好的发展;第九是不迁就于社会,而是改造社会;第十不是救济,而是发扬。晏阳初先生说做乡村建设、乡村教育,不是慈悲为怀地施粥的那种施舍，而是要培养国民的元气，改进国民的生活，巩固整个国家的基础。

（三）梁漱溟的乡村建设和乡村教育思想与实践

梁漱溟的生平与教育可以围绕"这个世界会好吗""最后的儒家""从北大到邹平"进行简要概括。1930 年到 1937 年期间，梁漱溟在山东邹平创办政教合一的乡农学校机构，认为"乡村建设必自教育改造始"，中国乡村的根本问题是缺乏组织构造，所以乡村教育、乡村建设的中心在于教育，用教育来培养农民的团体意识、组织精神，启发农民用智慧来解决问题，革新过去的一些陋习，从而重塑乡村社会。创办乡农学校是为了培养老百姓的政治习惯，训练老百姓对团体生活和公共事务的关注，并且进行传统伦理道德、科学精神、民主思想的训练。所以在这个意义上，乡农学校不是传统意义上的学校，而是一个政教合一的机构。除了这些教育活动之外，梁漱溟先生也开展了先进的农业技术改良，比如说引进了荷兰猪的品种，几十年以后到邹平去访问老农的时候，当地的老农说不记得乡村建设，就记得荷兰猪。

不同于陶行知和晏阳初先生从实践中去生发思想，梁漱溟先生的思想有非常深刻的中国传统文化的思想基础。他认为中国文化跟西方是不同的，人类文化历史上可以分为三个阶段。第一个阶段是西方式的，向外欲求，处理人和物的关系问题，开发物质满足人的需要。第二个阶段是中国式的文化，处理人与人的关系问题，是向内自省的，靠伦理道德去满足自己的需求。最后一个阶段是印度式的向身后去探求，回到自身去自我否定，然后来提升自己。梁漱溟先生觉得早期的中国人没有宗教，是靠理性生活的，理性开发得很早。此外，中国的士农工商分工是非常明确的，且能够流动，朝为田舍郎，暮登天子堂，因此不易形成稳定的阶级。最后，中国社会是伦理本位的，在差序格局的背景下，人是在伦理关系中生活的。而西方是个人本位的，是阶级对立的社会。当然中国文化的缺点也非常明显，第一个是缺乏团体生活。所以他特别强调公共道德、公共精神。同时，与西方不停向外探求的环境文化相比，中国文化是缺乏科学精神的。这种伦理本位的社会，缺乏对社会和个人关系的制约，因此也缺乏公共生活中所需要的，比如纪律、习惯、法治精神、组织社会的能力，这都是中国社会的缺点。

在对三位学者的思想和实践进行梳理后，我试图从人类学视野去看待民国时期的乡村建设和乡村教育，并归纳概括出如下内容：一是三位学者的工作方式都符合应用人类学的学科特征。"人类学不是一门只关注纯粹研究的学科，大多数人类学家认为只有当他们的工作能够被用于改善他人的生活时才具有价值。"二是三位学者均通过田野调查等方式对文化和社会结构做深入理解。三是三位学者都以文化持有者的内部眼界看待乡村。四是三位学者均以整体观看待乡村建设。

四、关于乡村振兴与乡村教育发展的思考

在快速城市化的背景下，乡村振兴与 90 年前的乡村建设相比有何区别？乡村振兴中如何平衡政府主导与社会参与之间的关系？乡村振兴进程中的乡村教育，如令人担忧的乡村教育质量，疏离的学校、家庭与社区关系如何应对？乡村教育如何支撑乡村振兴？乡村振兴中学者和学术的使命与责任是什么？

❋ 专家点评与互动交流

张玉林教授：

首先非常感谢魏老师，我收获很大。这三个大人物都是顶天立地的人物，虽然魏老师是从乡村建设与乡村教育实践角度来讨论，但是我觉得能够让我们受到的启发是远远超过这个领域的。我想结合刚才的讲座内容谈一下感受。魏老师刚刚讲到有关连续和断裂的关系，这里面当然是值得反思的。但是我在想其实中间是不是还有一个值得思考的问题。我们知道这

三个人物尽管在1949年之后在某种程度上是被排斥、批判，最起码是回避的，但是毛泽东在20世纪60年代提出的教育革命和这三个大人物的价值取向其实是有相同的地方的。这些相同的地方，也可能是毛泽东从他们的实践中吸取的营养，也可以说是英雄所见略同。尽管在政治观点上，比如土地革命、武装斗争这些方面，毛泽东认为三位大人物是反动的，但是从教育，尤其是乡村教育的取向来讲，我觉得他们的观点应该是有关系的。此外，像梁漱溟有关"铁钩子""豆腐"的比喻是非常具有生命力的。对于这些非常有生命力的东西，如果我们不去吸取，不去学习，而一定要使用一些我们自己都不明白的概念，且创造这些概念的人本身可能也未必明白的东西，这个是值得我们反思的，所以我建议学生可以从历史阅读开始，从读他们三个人的传记开始，一个学期的话，你就会有很大的收获，谢谢。

杨德睿教授：

我对梁漱溟这些人的评价比对于费老的评价还高。的确我们现在需要中国人类学的自信和重新建构的过程，而在这中间，今天我们所提到的这些人物都非常重要，他们认为中国的文化到底是什么样子？他们对中国文化的理解跟对这个问题的批评，这些东西属于人类学必须要知道的东西。我们到西方去学人类学，但是很少有人会提20世纪30年代以前的东西。绝大部分的东西，最早是40年代才开始陆续出现，在此之前的东西，我们基本上不考虑。今天重新思考人类学，这个学科未来要在中国能够存活、能够有意思，我觉得我们必须要重新寻找这个点，今天我们所谈的这些人物都是建构典范。

齐学红教授：

我也特别同意刚刚张玉林老师讲的，今天我们探讨的话题，已经不是用乡村建设或乡村教育这样一个词语能够涵盖的。我们讲的三位大家，其实他们可能并不是想从学科或者学科建设的角度去做这些事情，而更多是希望通过教育来改造社会，改造我们的文化，这可能是我们当下的教育人类学者很难有的一种眼界或者胸怀。此外，在乡村教育和乡村改造中，我们看到了在那个年代三位大家他们个人的力量，他们那一代人实际上是把个人的力量最大化了，今天这个时代我们若想像陶行知那样去办一所学校是不可能的。刚刚魏峰老师讲的时候，我也被几位思想家生动的语言打动，那是今天我们这些学者没有办法去还原的一个真实。这不禁让人感慨，新中国几十年来，我们的文化怎么从那么有乡土气息、那么有解释力、那么有生命力的语言系统，完全退化成了今天这样一个非常西方化的语言系统，我们可以好好研究一下我们自己的语言和文化，这也是人类学一个重要的命题，是语言文化本身的一种传承。

罗震东教授：

现阶段，规划专业的学者不断地通过乡村调查想去尝试怎么改变乡村的状况，但是里面确实有一些困境。从我们做城市规划，从城镇化的角度，我们也在反思，难道城镇化最后就是人全部进城吗？城镇化的最终目的到底是什么？乡村到底在中国还有没有意义？中国城镇化最终到底能够达到一个什么样的程度？我觉得今天我们说城镇化率是多高不重要，重要的是城乡之间是不是均等的。从城市规划、公共服务的角度来看待乡村建设是非常重要的方面，所以我这几年跟很多的人类学家一起在做一些活动，希望真的能找到一个更系统的方法，整合为方案去改造我们的乡村，去改造我们的城市，否则我们的村子建得很漂亮，最后却没人居住。我们能从你们各个学科的研究中获得养分，在改造世界的时候，我们才有更多的信心。

【作者简介】

魏峰，男，江苏邳州人，1980年生，上海师范大学教育学院教授、博士生导师，主要从事农村教育和教育政策研究。2008年博士毕业于南京师范大学教育科学学院并留校任教至2020年。先后在 *Education Management Leadership and Administration* 和《中国教育学刊》《教育发展研究》

《比较教育研究》等杂志发表中英文学术论文 40 余篇。出版专著《弹性与韧性——乡土社会民办教师政策运行的民族志》（上海三联书店，2017），获得第十五届江苏省政府哲学社会科学优秀成果奖二等奖（2018）。先后独立主持"十一五"全国教育科学规划课题（2010）和"十三五"国家社科基金课题（2017）；多次在国际会议上作学术报告，并担任国内外多家杂志审稿人；多次参与国家教育立法、省市教育立法及政策制定工作。2016 年入选江苏省第二期青年文化人才。

促觉悟　提能力：中国共产党乡村扫盲教育的历史回顾（1919—1956）

吴晓蓉

（西南大学）

【讲座提要】

中国教育人类学学会"学·思·行"系列讲座之"促觉悟　提能力：中国共产党乡村扫盲教育的历史回顾（1919—1956）"于2023年4月15日14:00—17:00在线上举办，来自全国各地的百余名师生参加了学习与讨论。本期讲座由西南大学教育学部吴晓蓉教授主讲，南京师范大学道德教育研究所齐学红教授主持，南京大学社会学院人类学研究所杨德睿教授点评。

讲座介绍国际扫盲日呼吁关注文盲现象、21世纪直播间里识字班，以及文盲依然是今天社会发展中的重要问题等背景，通过梳理扫盲教育内涵，回顾了1919—1956年间以中国共产党为主体的乡村扫盲教育。从开民智、促觉悟、提能力、改命运几方面，指出1919—1956年期间乡村扫盲教育的历史意义与社会价值。并由此提出，要通过修养国民内在的浩然正气，通过"培根固本"构筑并夯实促进国家、民族、社会良性发展的强大的内生动力，需关注新时代虽然认识文字，但缺乏思想能力的成人，同时关注虽认识文字，但不了解具体语言文化，以及不能识别现代社会符号（即地图、曲线图等常用图表），不能使用计算机进行学习、交流和管理的新型文盲群体。

一、何以关注扫盲教育

第一，文盲现象是一个国际性的问题。1965年11月17日，联合国教科文组织在第14届代表大会上设立每年9月8日为"国际扫盲日"（International Literacy Day），旨在动员世界各国及相关国际机构重视文盲现象，与文盲现象作斗争，并促进世界各国普及初等教育，提高初等教育水平，使适龄儿童有学上，达到识字目标，最终达到增进人际沟通，消除歧视，促进文化传播和社会发展的目标。由此可见，在国际社会，文盲现象并非单纯的只是一个识字的问题，它把文盲与人际沟通、歧视、文化传播和社会发展联系起来了。同时，我也找到近十年国际扫盲日的主题。这些主题主要是从个人维度和社会维度出发，将扫盲与个人健康、妇女维权、社会发展，乃至和平等联系起来，有着非常重要的意义和价值。

第二，21世纪直播间里识字班引发的关注。在某短视频平台上搜索"成人识字"，会找到上百个直播间。我们将其称之为"直播大课堂"，它的毕业标准为达到小学五六年级水平，识字量近3000个。直播间里的学习识字者，有六七十岁的老人，也有手机"玩得很溜"的80后和90后。他们的学习场所、时间不一，有工地上、高速公路边、蔬菜大棚里，在劳作间隙、在孩子入睡后，他们如饥似渴地注视着同一块"黑板"——手机屏幕。学习内容以拼音、写字、手机打字、各种生活常用短语为主，有时直播间老师还帮着解决家庭纠纷。因此，在网络上的成人识字班的直播间中，会发生学校课堂上没有的事情，他们的教学和学习方式也因此而更加生活化。

　　经调查，我们了解到直播间"学生"的学习动机。因为不识字，在其没有3000字的人生中，大到做生意记账、给孩子办户口、在各类协议上签字，小到在线购物、去KTV唱歌，甚至公共厕所进哪边，都能轻易难住这群人。也就是说，缺乏认识基础字的能力，能从多方面影响他们的日常生活，甚至是生存。现实需要激发了他们非常强烈的、内在的学习动机。在直播间里的成人识字班中，他们有时会放下活计，专心认字。有学生称直播间教识字的为"老师"，也有喊老师为"福星"和"救星"的。这些称谓的变化，可以看出识字者学习识字的心情是非常迫切的。一位50多岁的学生说："我的人生是不完整的。我当过母亲、妻子、女儿，但我从来没有过同学。"通过网络学识字这种方式，她让自己成为学生，有了同学。尽管有很多同学可能是永远不会见面的，但至少让她自己内心深处觉得，这样的一种状态，即自己当学生的状态曾经存在过，自己有过当学生的经历。

　　网络直播间里的识字班，夏天人数最少，冬天人数会成倍增长。农忙让直播间里的"学生"脱不开身；工厂的生产旺季，有人要加班；孩子放暑假了，要在家照顾孩子、带孩子。而到了冬天，务工人开始返乡，地里也没活儿。直播间里的学生来去如候鸟迁徙，每晚10点后，直播间才会热闹。老师上课也不像在学校一样规律。直播间授课老师的收入，以在直播间里售卖识字书籍和线上课程为主。因为受众少、不稳定，盈利并不高，很多"老师"直播一段时间后，就不再更新。直播间里很多人的学习，可能因此而中止，学习者是否能顺利达到3000字的识字目标，也无法得知。

　　第三，文盲依然是今天我国社会发展的重要问题。根据2020年人口普查数据，当前全国人口中，文盲人口（15岁及以上不识字的人）为3775万人，与2010年第六次全国人口普查相比，文盲人口减少1691万人，文盲率由4.08%下降为2.67%，下降1.41个百分点。1000多万人依旧是非常庞大的数字，这些数据呈现出两个方面的特征。一是性别特征：与2010

年相比，2020年男性文盲率下降0.9％，减少了468万人，女性文盲率下降2.34％，减少了1181万人。男性文盲人数与女性文盲人数差距，由2010年的2583万人下降至1870万人，表明近十年来我国人口素质有所提升，男女受教育水平差距缩小，女性受教育水平有所提高。二是区域特征：2020年人口普查数据显示，我国文盲率性别差异最大的是西藏地区，差异最小的是辽宁地区。综合来看，我国东北地区男女文盲率差距较小，贵州、云南、西藏、甘肃、青海等西部地区男女文盲率差距较大，女性文盲率较高。统计数据符合国家整体的经济社会发展状况，也显示出经济发展对教育的重要性。

二、如何理解扫盲教育

从关键词入手，"盲"是其中的重点。直观"盲"最早的图像，它与眼睛是有着密切关系的。"盲"表示眼睛失明，本义是眼瞎，而生活中"睁眼瞎"则是说有眼睛但等同于没有。将"盲"放在文的后面，就是有眼睛，但是不识字，没有文化。"盲"也表示对某种事物没有识别能力，组词中，就出现了"文盲"，这就是说，"文盲"是对文字、文化没有识别能力或者认识得很少，未达到一定标准的人。按我国标准，指年满十五周岁不识字或识字少的公民。《教育大辞典》，文盲内涵有三：第一，指不识字或识字少的人；第二，指认识文字，但缺乏思想能力的成人；第三，指认识文字但不了解具体的语言文化的人。

但后面所指向的文盲，主要是不识字或识字很少的人。联合国重新定义新世纪文盲标准，简称新文盲，将文盲分三类：第一类，不能读书识字的人，这是传统意义上的文盲；第二类，不能识别现代社会符号（即地图、曲线图等常用图表）的人；第三类，不能使用计算机进行学习、交流和管理的人。后两类也被称为功能性文盲，他们虽然接受过基本的识字教育,但在高度发达的现代社会,囿于信息传播能力局限等,生活存在比较大的困难。国内也有学者开始关注功能性文盲的问题。

扫盲教育是对不识字和识字少的人进行识字教育,使其具有初步的读、写、算能力,这个概念是针对于传统意义上的文盲。"扫盲教育"一词显示,可从对语言、符号的认识、理解和掌握程度,深化并拓展文盲的内涵。以此便能理解社会何以出现文盲群体,以及扫盲教育的时代意义和社会价值。

三、中国共产党1919—1956年的乡村扫盲教育

1919—1956年,是我国历史上开展扫盲教育、识字教育、识字运动、扫盲运动最多,也最为值得关注的重要历史时期。扫盲教育涉及扫盲主体、扫盲对象、扫盲时间、扫盲地点、扫盲方式和扫盲成效六个主要问题。

时间段划分的依据在于百年党史和教育史研究。1919年的五四运动,在思想上和人才上,为1921年中国共产党的成立,奠定了扎实基础。1956年,是以建立社会主义基本经济制度为主要内容的社会主义改造的基本完成之年,是探索中国特色社会主义道路的开篇之年。

中国共产党何以重视乡村扫盲教育?一是因为中国共产党初步认识并理解了中国农村、农民问题的严重性。通过对中国农村、农民问题的初步观察和思考,1919年2月李大钊在《晨报》中描述到:中国是一个农业国家,农民问题的解决,关系着国家和民族的前途命运;中国农村的黑暗达到极点,农村教育十分落后,农民愚暗无文化;要变黑暗农村为光明农村,青年大有作为。二是中国共产党对农民在革命中的地位有了正确的认识、评估。1920年8月,陈独秀《告中国农民书》一文中,分析了中国农村的土地占有情况,指出农民存在不同阶级;明确在农村进行思想教育的

重要性和必要性；提出解决农民土地问题的方法，号召农民自己动手。三是中国共产党把农民阶级看作中国革命的基本力量。1922年7月，中国共产党发表《中国共产党第二次全国代表大会宣言》，指出：中国三万万的农民，乃是革命运动中的最大要素。农民因为土地缺乏，人口稠密，天灾流行，战争和土匪的扰乱、军阀的额外征税和剥削等，导致日趋穷困和痛苦。1922年11月，《中国共产党对于目前实际问题之计划》指出："农业是中国国民经济之基础，农民至少占全人口百分之六十以上，其中最困苦者为居农民中半数之无地的佃农。此种人数超过了一万二千万被数层压迫的劳苦大群众（专指佃农），自然是工人阶级最有力的友军，为中国共产党所不应忽视的。中国共产党若离开了农民，便很难成功一个大的群众党。"

在整个过程中，中国共产党越来越认识到农民在革命成功、实现自身解放等方面存在的意义和价值。因此，明确把贫困农民看作工人阶级的友军，重视党与农民之间不可分割的联系，让农民主观上愿意，且有能力、有实力切实参与到革命事业中来。

在整个乡村扫盲教育的过程当中，并非单纯地只是教识字，而是把识字与土地革命、马克思列宁主义的宣传，同普遍的群众性的识字文化运动相结合起来，才是1919年到1956年的广泛意义上的扫盲教育。所以识字教育是一个路径，是一种方式，是进行非常广泛革命宣传的重要途径。这些宣传具体如何去反映1919年到1956年的乡村扫盲教育呢？可以通过一些电影、歌曲、画报等文艺作品的梳理来了解。

《夫妻识字》这首歌从学习和生产两个维度，阐释了识字对精神和生产、对我国农民在农村生活的重要价值和意义。除此之外，还有相关画报也展现了扫盲教育的开展，如中国美术馆藏延安时期的木版画《胜利的消息到处传——农民读报组》，以及《瞎子带头参加读报组》连环画等。让农民了解到当时国家发生的大事、小事、身边事，使农民的责任感、主体性、参与意识等得到一定的提升。

识字班（组）也是实施扫盲教育的一种组织形式。对象主要是农村少年、青年、壮年文盲、半文盲和城镇工人、街道妇女中的文盲、半文盲。1934年中央苏区颁发的《识字班办法》，要求政府机关、群众团体创办识字班，将离夜校较远，或有家庭负担而不能加入夜校或半日学校学习的对象编入识字班，少则3人、多则10人为1班，在闲暇时间随时学习。识字班教学分三个阶段：第一阶段认识1000字；第二阶段认识2000字；第三阶段认识3000字。学满了3000字就算达到脱盲标准。在全面抗战时期（1937—1945），根据地开展冬学运动，普遍建立识字班（组），识字班以识字为主，并学习时事政策、生产、军事、卫生等知识。学习时间和办学形式多种多样，有早学、午学、晚学等。

识字班，大家原以为是一个单纯的识字学文化的组织。实则不然，它更是青年妇女的政治学校。李祥琨说，识字班的课程除了文化课之外，还有政治课。文化课教人们学会看信写信、记账、打算盘、看路条、认钞票。政治课内容非常广泛，从政治、经济，到军事、历史、哲学，无所不包。识字班一般在农忙后的中午上课。讲课的，既有小学教师，也有县区干部。往往是走到哪里，课就讲到哪里。所用教材除上级编发的国语、政治常识、民众算术外，大部分选自《大众日报》及刊物，同时还根据本地生产、生活特点，自编一些乡土教材，内容都与抗战密切联系。

据临沂文史研究专家介绍：最初，识字班学生不分男女，男女青年都有，既有十几岁的姑娘，也有七八十岁的老年妇女，其中，青年妇女学习热情最高。"姑娘们参加识字班如小鸟出了笼，学习热情高涨，教过的字，挤时间反复复习。白天下田劳动，利用休息时间，在地上划；回家做饭，在灶前练；晚上睡觉，用手指在肚皮上划。房前门后，四面墙壁，到处划满了字"（《沂蒙抗日战争史》记载），因勤学苦练，姑娘们文化水平提高很快，一般会看简单的书报，能写路条、简单的书信。

据1934年统计，仅中央苏区就有补习学校4562所，学员10.8万人，识字组23 286个，组员12万人。在识字班运动的推动下，伴随革命形势的发展，青壮年纷纷参军上前线。仅有400万人口的沂蒙山区，就有20万人参军入伍，100余万人参战支前，10多万先烈血洒疆场。人们强烈的参战热情与识字教育的提升是分不开的。

1941年3月，沂蒙地区的识字班，共225处，学员达4502人；到1943年，仅莒南县内的妇女识字班就有520多个，学员规模达15 700人，比例占莒南县全部人口的2/25。沂蒙地区出现"村村办学，户户读书，抗日救国，人人争先"的新气象。这与早期李大钊等人意识到农民是革命斗争的重要力量，以及后面将其转化成一股力量是一以贯之的。

中国共产党认识到教育与其他方式的重大差别，尤其教育在民族、国家、社会发展中的重大意义。早期的马克思主义者提出，"在革命过程中使民众增强智慧，养成民众民主、共和的精神"。李大钊认为，"教育对于社会改造的作用，突出表现在它能'培根固本'，提高人民的觉悟，促使民族精神的再生和再造"，该理念为中国共产党构建乡村扫盲教育制度，开展乡村扫盲教育，提供了直观的价值引领和行为依据。

四、乡村扫盲教育的历史和现实意义

不同历史时期，中国共产党认识到识字在"开民智、促觉悟、提能力、改命运"等方面的重要作用，而格外重视扫盲教育。通过修养国民内在的浩然正气，从根本上着力，激发内生动力，以唤醒全国人民谋独立、自由、解放的意识。通过"培根固本"，构筑并夯实促进国家、民族、社会良性发展强大的内生动力。

扫盲教育的当代价值包含：第一，关注新文盲现象，解决新型文盲群体的问题，我国当前文盲的性别和区域特征问题值得重视；第二，关注乡村振兴实践的路径问题；第三，关注精神文明现代化如何实现的问题。

❋ 专家点评与互动交流

杨德睿教授：

很高兴吴老师给我们做的大规模的历史主线的梳理，尤其让我们意识到识字的意义比以前丰富许多。一开头，吴老师让我们意识到识字教育这件事在中国的大地上并未结束，它是一项未竟的事业，而且随着时代的更新而不断有新的任务。

我们也了解到中共的扫盲教育从五四运动开始，到建党之后，就通过了关于重视工人教育和农民教育的文献和纲领，在不同的时期、地区，开展了多种多样的识字教育。一些案例让我印象深刻，如歌曲《夫妻识字》等。最草根的推动形式是读报组和识字组，关于读报组，我看到我们学校新闻传播学院也有人从口述史阶段做出了比较成熟的理论，我也看到过利用歌曲、话剧等破除迷信的这一类的研究。关于识字组比较细致的研究，我还没有看到，非常希望能够有机会读到关于识字组的细致研究。

当然最后终究是要回答一个重要的问题，教育人类学在中国最光辉的传统来自 20 世纪 20 年代的乡村建设运动，里面有好几个不同的尝试，但是这一些结果都不怎么成功。当然，其实国民政府也做了一些事情，但与中共所做的乡村识字运动比较起来影响非常小。通过吴老师的历史梳理，我还有一个感觉就是，50 年代以后，到 80 年代中共在全国开始渐渐建构九年制义务教育，这一条路径是延续下来的，国民基础教育是上溯到农村识字运动开始的。

我想是这里边有很多连接历史之处。一方面是历史细致的部分，比如识字组怎么开展活动，这将会是一个非常有趣的历史研究的题目。另一方面是说这些连接之处，即如何从每一个阶段过渡到下一个阶段，从每一个政策框架过渡到下一个新的政策框架，我觉得也都是非常值得大家去研究的，这些都是历史上有趣的问题。

对我们现在而言，更关注前面吴老师在一开头的时候提的，我们现在仍然有上千万的同胞用直播间的方式进行扫盲教育，这个现象本身就非常值得人类学者去研究。在 21 世纪，还在努力学习的这些人是怎么克服种种障碍的？还有功能性文盲问题也值得人类学者去探索。随着国家各方面的行政管理越来越数字化，有时候对于中老年人来讲，很不友善，面对老龄化社会的这个突出问题，如何解决？还有区域化的差异等问题。可以说，今天吴老师呈现了很多很好的教育人类学题目，是许多同行学者可以去努力的方向。同时，国家发展到今天这个地步，正是证明了当年我们的先辈做的教育振兴为今天的发展打下了非常好的基础。

随着国家知识和信息传播技术的提高，怎么样去维持同样的一种精神和奋进的力量，能够不断地把精神延续下去，将在学习上或者在新技术的掌握上落下的一批人拉起来，我想这是需要不断努力和持续进行的事情。

齐学红教授：

整个乡村扫盲运动其实也是当时特殊历史时期的背景下，中国共产党政治动员的一个非常重要的组成部分。这项研究给我的一个很大的启发，就是对于历史发展阶段的划分，对历史时期的重新理解和界定，实际上也在服务于我们对问题的关注和研究。

正是因为它跨越了新中国前后不同的历史时期，那可能在不同的历史时期，中国共产党的政策和政治的着重点是不一样的，所以我也比较关注，刚刚杨老师讲的整个乡村扫盲运动在几个不同的历史时期当中的目标、实施途径和方法等，从内部视角来看，我们更加关注它是怎么样一步一步地发展或者不同的时期有哪些不同的做法，包括它的连续性。从内部上看，识字班当时的史料可能还是比较缺乏，但从扫盲运动的外部上看，电影、歌曲、画报等对整个农村，尤其是年轻妇女的启蒙还是有它的功能和作用。我觉得可能要放在我们讲的人类学的内部视角去挖掘它的意义和价值，比如对农民自身的意义和价值。

我比较关注的是，如果说乡村扫盲运动是由于中国共产党的几代领导人意识到了工人和农民在整个社会发展当中主人的作用，那这是一个国家的政治需要。那么它是如何转化为农民的一种自我发展的需要？比如今天这个时代，刚刚我们一起探讨的数字鸿沟。国家强烈政治动员的那个背景之下发展的需要其实是与个人内驱力的一个非常好的结合，而我们当下的农村包括成人的识字教育，其实是没有国家背后的那样一种强大的政治动员去引发的，直播间的他们可能是有营销还是什么其他的目的，那与基于国家当时的政治动员之下的乡村扫盲肯定是有非常大的不同的，所以我还是非常关注这样一种政治动员的机制到底是怎么就转化为他们的那种自我发展的识字需要，这可能回应的是我们刚刚讲的数字化时代，像数字鸿沟，它到底是一种避免被社会淘汰的自下而上的行动，那这里面有没有一种国家的力量也在背后发挥着一定的作用？

还有一个思考点就是在新中国刚刚成立时，成人教育实际上在我们整个国家的教育体制中是占据了相当的比例，比如师资人数，动员国家力量等等。那从新中国成立开始，国家普及九年制义务教育以后，尤其是当下的义务教育又特别强调"知识改变命运"，你会发现，成人教育远远地被甩在了后面，也包括这种乡村扫盲。

吴老师刚刚谈到的政策的连续性问题值得关注。当前我国成人教育如何在基础教育（尤其是九年义务教育）的挤压之下，获得它的生存和发展空间？从现实来看，成人教育在国民教育体系中的边缘化趋势日益明显，其发展空间被系统性压缩。此外，乡村振兴战略与传统乡村教育体系之间的断层亦不容忽视。那在这个意义上，我们如何思考今天的农村和农民教育，以及成人扫盲的问题？

我也很赞同，刚刚杨老师的观点就是，其实今天吴老师的发言给我们提供了一个非常大的对话的空间，从整个中国共产党的政治治理的角度、政治宣传的角度，如何保持这种政策的连续性？从我们整个教育的体制的角度，成人教育，尤其是乡村教育如何在当下的这种内卷、倡导精英教育的大环境下去赢得它的一个发展的空间？我想这些问题都值得我们去做一些深入的思考，也是吴老师今天的发言给我的一些启发，非常感谢吴老师的精彩分享和杨老师精彩的点评！

吴晓蓉教授：

第一个问题，就是中国共产党以主体来做的这样的一件事情是如何成为个体的一种内驱力的？我发现，乡村农民的这种内在动力的激发与外部的中国共产党的宣传是有很大关系的。它通过宣传让农民意识到自身是需要自立自强的，是需要获得自我生存和发展的能力和手段的。另外一个就是在这个过程当中，让农民充分意识到识字带给自己收获，他发现自己可以读书，可以写东西，甚至可以去参加很多活动，乃至于到后面，他参与到革命事业当中来，他发现，他的价值得到了很好的一个体现。所以这个问题应该说是非常有意义、有价值，同时也非常深刻。那种内生动力的激发，是主体性内在的一种认知，和外部共产党的一些宣传以及它在整个过程当中为老百姓所做的这些实事，让他们体会到了，只有自己斗争，才能够获得解放。这是一个交互的共同作用的一个结果。

另外，关于成人教育被挤压也好，或是影响也好，今天的成人教育，无论在意义还是内涵上，当是与传统意义上的成人教育有区别的。尤其疫情之后，我们现在各种各样的培训班，如校长班、骨干教师班、局长班，有点类似于传统意义上的成人教育，但它又不是纯粹意义上的那种成人教育，可以把它说成是继续教育。传统的成人教育，更多的是因为他们可能在知识文化，乃至于识字这些方面有一个天然基础性的弱势，所以需要通过成人教育这样的一种方式，去提升自己的学历，去增长自己的技能，拓展自己的眼界，提升自己的能力，给自己下一步的发展打下一个很好的基础。今天的成人教育可能更多地指向于从工作的角度，从精神成长的角度、职业素养提升的角度对个人的提升，它在内涵上以及目标取向上，已经有了很大的变化。

再加上我们国家基础教育包括高等教育扩招以后，应该说也在很大程度上，让成人教育不可能再像传统成人教育的样子。我觉得，就我们学制类这一块儿，国家已经给成人们提供了很多很大的空间，比方说现在教育博士的扩招，把以前成人教育的很大一部分群体，转入正规的学校教育中来。

刚才齐老师讲的这个问题提到农村方面，我觉得还是蛮有意思的。我前些年一直在关注教育反贫困问题。我到云南、贵州、四川、广西，包括西藏的很多地区去调研，发现在我国的教育反贫困过程当中，有一个劳动力转移再就业培训，或者叫作劳动力再就业转移培训。就比如说很多偏僻、贫困地区的成年农民想要外出打工，但没有技能，没有特长，那么当地县人事局、教育局等等相关部门，会举办一些技能、技术的短训班。

比如云南普洱，以茶叶产业为主，它就会有茶叶种植等不同的班，这个就有点像我们1919年到1956年期间的专门针对乡村的成人扫盲教育。尽管我们的反贫困的工作已经结束了，但这个方式还是有可借鉴之处的，应该说是新时代的一种新形式的成人教育。

齐学红教授：

可能与农民和国家的关系变化有关，最早的乡村扫盲运动指的是，工农劳苦大众是共产党最值得依靠的一种力量，但乡村振兴在某种程度上是因为他们有可能成为一个社会发展的包袱。我觉得会不会有这样的一个意味在里面？比如刚刚杨老师讲的，数字化能不能对老年人更友善？

吴晓蓉教授：

齐老师，我觉得你有着很强烈的人文关怀和情怀。从现实上来讲，应该是这样的。在国外，有很多很好的经验，比如说福利社会，它通过福利方式考虑到这一部分群体的特殊需要。我内心也有一种特别迫切的想法，就是如果有人从社会福利的角度来研发类似东西，去为这一部分老人，为这样一个特殊的社会人群，提供一些人性化的关怀和帮助的话，应该是非常有意义的。目前看来应该说还没有做到，也许在这个问题上，可以借鉴那个阶段的扫盲教育，尽量争取去关注到每一个人，让有需要的人、有诉求的人、有愿景的人，都可以参与进来。

杨德睿教授：

刚刚你们两位在谈的时候有一些非常感动人的闪光点出现，就是在那个年代里光辉伟大的故事，那么多人被动员起来，但现在这样的东西也并没有消失。我想讲的就是，在那个年代里，大家觉得学习一点东西除了开民智之外，还能够改命运。所以那个时候人们对于这个目标不完全是功利，而是具有一定的神圣性，会觉得我也有这个机会开眼界，本身就是人生价值的一部分。

现在观察那些成人识字班直播间，有人称老师为救星。我觉得有些夸张，但是那种感觉很类似于他被拉到了一个光明的地方。我觉得我们对于知识和教育的这种感觉已经失去非常久了。从我自己小时候读书开始，我们就会觉得，读书就是准备刷题、考试，之后就是中考、高考一路上去，就觉得这是很艰苦的事情，然后觉得这是我的一个责任，对我自己的责任，也是对我父母的责任。但是不太会有我学了这东西，以后我会从蒙昧之中被拉到光明世界的那种价值感。

微观的这个故事里，是可以看到当时的这一些扫盲工作者，他们是如何去让人们有这种感受——觉得学习是很有价值的一件事。我觉得只有到那个很微观的故事，我们才有办法知道。因为在这个大格局上，我们只能看到领导们高瞻远瞩，看不到微观的这些教师，他们如何真正在第一线去落实这种事情，以及他们带给学习者那种好像打开了一个新世界的兴奋喜悦的情感，那种东西真的是很特别，我觉得那是做人类学的人都会非常感兴趣的东西。因为，那时候的心态跟文化和我们现在的真的差很多。

刚刚提到另外一个问题是成人教育或者是继续教育被挤压的问题，是否可以拿来做个比较？开直播间教，那大部分的人没法继续，可能坚持半年而已。那像这样一个明明是对于很多人非常有帮助的事情，为什么无法持续？我们又不是一个穷的国家，穷的社会。这些明明干得很有意义的事情却无以为继。而在那个年代，帮忙在乡村里面开识字班的这些人，他们是怎样坚持下来的？而且有那么好的政策延续性，政策延续性的一个条件就是，负责干这些事情的人，这个队伍是稳定的，至少不断有新血液的力量进来。是怎么做的？我们现在为什么就没办法做到？我觉得这些问题都是可以思考的。

【作者简介】

吴晓蓉，教育学博士，教授，博士生导师。2005年10月—2007年10月在日本早稻田大学从事博士后研究，2011年6月受聘为西南大学教授，2011年7月—2012年8月，北京大学社会学系访问学者，2011年6月增补为西南大学博士生导师，2013年入选教育部新世纪优秀人才；2022年获重庆市英才·创新创业领军人才（教育领域）称号。现为西南大学教育学部教授，教育部人文社会科学重点研究基地西南大学西南民族教育与心理研究中心兼职研究员。曾任中国教育学会教育人类学分会副理事长、秘书长，现任中国人类学会教育人类学分会副理事长；中国教育学会课程论专业委员会理事。

曾先后三次主持国家社会科学基金项目，以及省部级其他项目，共计19项，在《教育研究》《民族研究》《教育学报》《教育与经济》《清华大学学报》等期刊发表学术论文50余篇，出版专著2部。专著《教育，在仪式中进行——摩梭人成年礼的教育人类学分析》获第三届全国教育科学研究优秀成果三等奖。

竹篱"内""外"
——土瑶学校教育的民族志反思

袁同凯
（南开大学）

【讲座提要】

中国教育人类学学会"学·思·行"系列讲座之"竹篱'内''外'——土瑶学校教育的民族志反思"于2022年5月7日14:00—17:00在线上举办，来自全国各地的百余名师生参加了学习与讨论。本期讲座由南开大学周恩来政府管理学院社会学系袁同凯教授主讲，南京师范大学道德教育研究所齐学红教授主持，南京大学社会学院人类学研究所杨德睿教授点评。

本次讲座围绕袁同凯教授的博士论文《走进竹篱教室：土瑶学校教育的民族志研究》展开，以土瑶人的学校教育为讨论对象，基于人类学的主客位视角，通过呈现一些田野调查照片，分享人类学田野研究中的个人体会与反思，深入探讨少数民族学校教育的问题与成因。

一、土瑶人及其学校教育概述

土瑶人自称"投勉",即土人之意,他称"山瑶佬""阴地鬼"。土瑶人主要散居在广西壮族自治区贺州市沙田、鹅塘两镇交界处,大桂山脉东段余脉深处的明梅、大明、槽碓、金竹、新民、狮东六村绵延数百里的二十四条山冲里(如图1)。土瑶人将山沟叫作"冲",许多村落的名字也以"冲"来命名。我当时选择的田野点大桂山,沟壑交错,山峦起伏,交通闭塞,几乎没有公路,人们沿着险峻的羊肠小道,沿着祖辈的足迹,肩挑木材、生姜等山货,往返于大山与集镇之间。由于历来备受地方政府和邻族的歧视,加之生存环境恶劣,生活极其贫困,外族女子都不愿意嫁给土瑶人,他们只得世代实行族内婚。这支被邻族称为"山瑶佬"的土瑶人,长期居住在深山密林中,除赶圩外,平时很少走出大山。除周邻的族群外,很少有人了解这个几乎已被世人遗忘的群体。

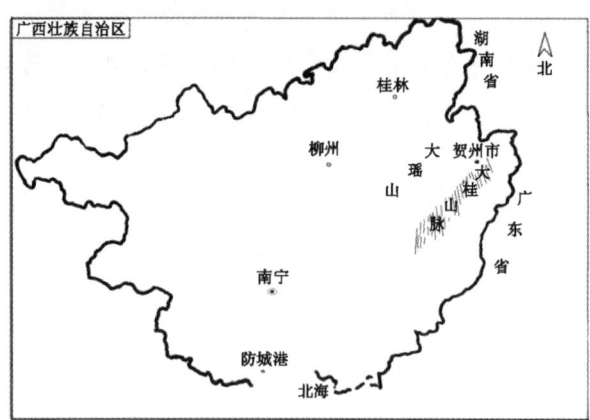

图1 土瑶人主要分布在大桂山脉深处

图2 现代土瑶民居

图2是建在山崖上的小房子,可以称之为"现代土瑶民居"。由于没有平地,需要用木头架子做支撑。建大房子时需要先在山上开垦出平地来。土瑶人的女儿到了谈婚论嫁年龄时,父母会在自家房子周围再建一个小木屋,在当地称为"人情房"。这个房子很小,里面可以放一张床和一张小桌子,让女儿搬进去住,可以和朋友在此处约会。

图3 土瑶人必备的冲凉房

图3是土瑶人的冲凉房。土瑶人爱干净,每天放工后都要洗澡,冲凉。土瑶妇女的帽子也很有特点,传统的帽子是用树皮制作的,并辅以金黄色、绿色、红色的毛线。土瑶人还会在腰后面配一把砍刀用以防身。我在近9个月的田野调查中没有看到土瑶人吵架、打架,感受到了土瑶人温和、坚韧的性格。他们认为日常生活中没有什么是值得吵架的,孩子如果做错了什么事情,也不会打骂孩子,这与游牧民族人们的性格完全不一样。甚至土瑶人在喝酒、划拳的时候声音也很小。这可能与土瑶人长期以来受外族歧视有关系,这也影响着他们的育儿方式。

土瑶人不喝开水的习惯令人难以适应。他们早晨蹲在锅边把早餐吃完后,门口有一个大缸,人们拿起缸中飘着的木瓢,舀上一瓢凉水,随便喝几口,把剩下的水倒掉,再把瓢放回大缸中。人们通过管道将山泉水引入缸中,大缸中的水一直在不停地向外溢出,由于土瑶人的房子都建在半山腰,并不会积水,缸里的水溢出来人们也不会干预。

图4 土瑶人的酿酒工艺

图5 土瑶人的"百人宴"

土瑶人喜好喝酒。喝酒大概是他们唯一的娱乐活动,可舒缓人们的心情。但是由于经济原因买不起酒,他们就自己酿酒。土瑶人的酿酒工艺也很简单,铁锅中放入木薯、酒糟进行发酵。人口多一些的家庭都会自己酿酒,这是他们日常生活中的大事。土瑶是个好客的民族,但一家一户实在无力宴请客人,因而形成"百人宴"的习俗,即当某位村民的家里来客时,就跑到村头大喊"家里来客啦,大家晚上过来做客",每家都会出一个男人,带上家里有的好东西,把桌子拼在一起,大家聚在一起共同招待客人。当寨子里有重大事件时,也会举办"百人宴"。

鹅塘镇土瑶儿童的入学情况:大明村共有适龄儿童 323 人,在校生 132 人,入学率不到 41%,其中有 8 人在鹅塘土瑶班读初中;槽碓村有土瑶适龄儿童 227 人,在校就读 138 人,入学率不到 61%,其中 17 人就读初中;明梅村有土瑶适龄儿童 133 人,在校就读 116 人,入学率为 87%,其中 4 人就读初中。土瑶主要有 27 个山寨,我调查了其中的 23 个,其余 4 个的数据通过其他渠道获得。学校一般设一至三年级,学校里只有一位教师,负责管理学校的全部事务,一切都是老师说了算。

沙田镇土瑶儿童的入学情况:狮东村有土瑶适龄儿童 261 人,在校就读 136 人,入学率为 52%,其中 17 人就读初中;金竹村有土瑶适龄儿童 135 人,其中在校就读 60 人,入学率为 44%,没有人读初中;新民村有土瑶适龄儿童 65 人,其中在校就读 45 人,入学率为 69%,没有人读初中。

图 6　在树皮教室里上课

图 7　三个班级在大棚里上课

二、研究目的及过程

本研究目的是通过对土瑶学校教育的民族志考察，了解学校之外的社会政治、经济和文化背景等对学校教育的影响，探讨造成少数民族学业成就差异的社会与历史根源，尤其是基层地方政府对少数民族学校教育发展的态度以及地方权力网络关系的不均衡性分布对少数民族学校教育发展的影响。

该研究与我的个人经历有关。我出生在新疆阿勒泰市汗德嘎特乡，这里有蒙古族和哈萨克族，我从小便和哈萨克族人一起生活。一年级时由于没有汉族学校，我便与哈萨克族一起上学，因而对少数民族文化有一种天然的认同感。在读硕期间，我去了新疆伊犁特克斯县的一个草原做田野调查，与哈萨克牧民一起生活了几个月，讲哈语、喝奶茶、吃烤馕、睡毡房，这是一次比较地道的人类学参与式观察，从此和少数民族文化结下了不解之缘。1999年，我到香港中文大学攻读人类学博士学位，师从人类学系主任陈志明先生，陈老师根据国内人类学的发展趋势，建议我选修教育人类学,后来我便把教育人类学作为主攻方向。之所以选择土瑶作为研究对象,是因为之前我在广西民族大学工作了一段时间。广西是瑶族主要的聚集地,广西民族大学在当时是瑶学研究重镇。受广西民族大学瑶学研究专家的影响,我对瑶学产生了浓厚的兴趣,在去香港读博之前也做过瑶族社会文化的调查,有了一定的基础。但是瑶族有众多支系,土瑶只是其中的一支,通过查阅文献发现当时对土瑶的研究十分欠缺,对人类学者而言,这样的群体最具研究的吸引力,具备丰富的民族志资料的研究价值。

确定田野点之后,我来到鹅塘镇,并有意结识了两位对该研究感兴趣的当地人,他们成为我在田野调查过程中遇到问题时的重要求助者。其中一位是鹅塘镇教育办的彭主任,另一位是当时鹅塘镇的宣传干事刘老师,现为贺州八步区民政局局长。他们都很熟悉土瑶山寨的情况,而且刘老师本人是过山瑶,曾在土瑶学校做过民办老师,爱好摄影,喜好土瑶的民风民俗。他们很乐意带我进山寨,在他们的帮助下,我顺利来到了第一个田野点,即鹅塘镇的明梅村暗冲寨,开始了为期八个多月的田野调查。

田野调查主要分两个阶段。第一阶段,主要考察了暗冲寨,因为大多数土瑶山寨居住得比较分散,散居在山冲里,暗冲寨距集镇较近,只需走近四个小时的山路。除了中心校以外,暗冲寨的教学点是土瑶各个村寨中最大的教学点,也是外界关注的焦点,所以我想通过比较受人关注的暗冲寨教学点与无人关注的其他教学点,加强对地方政府权力运作及其造成的影响的考察。研究采用人类学的田野调查方法,白天参与农事活动,下工之后在房东的陪同下挨家挨户走访,仔细考察,记录了土瑶人的社会生活,尤其关注他们对主流学校教育的态度与参与程度,对主流学校教育的期望及其送子求学的动机,尝试从当地人的角度出发,理解土瑶学校教育中存在的问题。在观察其日常生活的同时,我抓住时机,与当地小学生、家长、老师及村干部进行交流,从不同层面了解当地人对学校教育的看法。第二阶段以沙田镇狮东村的大冲寨为基地,用两个多月时间走访了大桂山脉27个山寨中的23个,剩下的4个由于时间关系未走访。我在大冲寨做了非常仔细的民族志考察,用谱系法详细记录村寨的人口变动、家庭规模、婚姻社会网络、族际交往、经济生产、受教育程度、个人生命史等,重点考察了地方权力网络分布的不均衡性对土瑶学校教育的影响。在参与式观察基础上,我收集了流传在民间的土瑶文献资料,如族谱、地契、村规民约、宗教文本等等;还利用到集镇上补给生活用品与药品的机会,到贺州市教育局、民政局及鹅塘镇教育办等单位搜集相关文献资料,拜访了考察过土瑶的当地学者。在进入田野调查之前,我在香港中文大学、广西民族大学图书馆查阅文献资料,但有关土瑶的资料甚少,因此,有关土瑶的资料主要源自自身的民族志调查。

三、研究视角与方法

从人类学的主客位视角出发,不仅关注学校机制的自身运行,更关注将学校教育置于地方性社会生活与文化脉络中加以理解和审视,多层次、多角度地审视学校教育与社会文化、经济,尤其是政治权力之间的关系,并根据直接观察和透彻理解当地人的生活故事及他们对生活的淳朴观点,探讨少数民族的学校教育问题。

研究方法主要包括:田野调查中的深度访谈、谱系法、个人生活史、参与观察法等。

四、研究发现与结论

本研究以土瑶的例子证明,基层地方政府对弱势族群的漠视态度以及基层地方政治资源分配的不均衡性等政治因素,是阻碍弱势群体学校教育发展的真正根源。因此,只有整个社会尤其是基层地方政府对弱势群体给予足够重视、使他们摆脱政治上的边缘境地，他们才有可能真正走出"教育穷困"的荒漠。

土瑶学校教育的民族志研究表明，少数民族地区学校教育面临的问题，不仅要关注学校自身的运作方式，更要将其放在地方性社会生活与文化脉络中予以审视。一方面，需要研究者站在主位视角观察、分析并体验当地人的生活故事及其意义；另一方面，也需要从客位视角审视学校，尤其是社会文化与政治经济内外交织的关联性。唯有这样，才有可能触及少数民族儿童学业失败的真正根源。

五、问题与反思

第一，田野时间不够长。延长田野调查时间是保证田野调查资料真实性的最有效方法之一，在田野点长期生活是人类学家确保资料真实性的最好方法。在田野待的时间越长，越有机会了解当地的历史、文化与人际关系，越有机会去纠正一些想当然的信息。当前很多学者关注聚焦民族志，它与传统民族志相比，以最小的花费、最少的时间获取最多的资料，且民族志研究的主题越鲜明，所需的调查时间就越少，但短期调查难以确保资料的真实性。一开始在田野点看到的当地人的生活往往是表演性的，有学者曾说文化的表演性远胜于文化的报道性，观察文化的表演更需长期亲身体验这种文化，没有足够长的时间参与和体验被研究者的文化，就难以透过文化的表演性获取那些弥散在不同社会情境中的文化。必须区分人们实际互动所发生的社会情境，特别关注影响人们言行的一些行为，一些显而易见的知识与一般情况下人们的实际行动之间可能是有差距的，人们所说与其所做的未必完全一致，任何一个信息提供者提供的信息也只是其自身文化的一部分，每一个信息提供者都有其自身文化的盲点。我们的任务在于，如何通过一定的资料收集策略、手段和技术，调查其他信息提供者以弥补这些盲点。所以需要时间，才能获得比较接近事实的一些田野资料。

第二，不懂当地人的语言。挑选一位熟悉调查者所用语言的当地人，让其帮忙翻译，对于难以在短期学会一门语言的成年人而言是最佳选择。自身的语言障碍使研究者只能通过与懂汉语的信息提供者进行交流来开展调查，对于不能说汉语的信息提供者只能通过翻译进行。而通过翻译获取的信息是经过翻译者本人的思维加工过的，信息的可信度便下降了。因为宝贵的资料往往是在与当地人不经意的闲聊中获取的，仅依靠翻译是无法获取这种资料的。在土瑶山寨，我有许多时间都是"浪费"在与当地人的闲聊中的，如果没有语言障碍，这样的闲聊无疑是我了解当地人的生活以及邻里关系的绝佳资料。

第三，研究者的性别。田野调查中研究者的性别会影响到调查者的参与度，每个参与式观察者都要面临自身性别带来的局限性及其所研究文化的限制。性别带来的局限性也可能让调查者误读地方性文化，对地方文化的肤浅解释或有选择的感知，也可能造成对地方文化整体性的误读。当然这样的问题还有很多，研究者的介入方式、语言能力、身份性别、参与程度、所使用的调查技术、当地人提供信息时对自身文化的盲点等一系列因素都有可能影响到研究者对当地文化的正确理解。

第四，传统民族志的"情境关怀"，即研究者对研究对象持一种肯定态度，或者在描述地方文化时，会在某种程度上袒护当地人。因为人类学者在做完田野调查之后，无法为当地人带来任何利益，而自己却从当地人那里获得了很多一手资料，会产生一种愧疚感，因此可能会把一些不好的材料处理掉。

以上反思是在肯定人类学田野调查方法的基础上提出的，而人类学田野调查法是理解异文化最可靠、最有效的方法。在质疑这些问题的同时，要想做好（田野调查）就应该更加注重在地方化的社区从事长期的田野调查，从而获得比较真实、可靠的田野资料。

✽ 专家点评与互动交流

杨德睿教授：

人们一般会认为土瑶人的贫穷与语言障碍是导致其学校教育问题的因素，而很难想到它与地方政府的关系。想问一下，你是如何得出这一研究结论的？

袁同凯教授：

我确实有意回避了这个问题，因为这项研究在当时还是比较敏感的，在田野调查之前，我与当地官员做了交流，他们劝我不要下去做调查，我没有同意，并保证不给他们带来任何麻烦。该说的说，不该说的绝对不说。进入田野之后，尽管我已经有了预想，但是我依然感到震惊，土瑶贫穷的生活状况确实只有在电影里才可以看到。穷确实是导致土瑶人学校教育问题的一个原因，尽管学费很低，他们并非交不起，但是地方政府对他们的歧视、不重视的态度以及政治权力关系网络分布的不均衡性，导致了资源配置的困境。在我调查时，土瑶人社区中只有一个人在镇上工作（也就是出了山寨），但是他没有任何社会资本，为土瑶山寨争取不到任何资源。然而，过山瑶的情况就有所不同。如果地方政府不改变对土瑶人不重视的态度，以及地方资源、权力关系分配继续不均衡下去，仅靠改变经济是不够的。在土瑶人中，很少有高中毕业的，教育对他们而言不是一个向上流动的渠道，上学只是学会算数，到集镇上买东西不被人骗，能写自己的名字就够了。所以当时土瑶社区是这样的氛围。这些年来，土瑶人的生活与学校已经发生了很大变化，实行了撤点并校，办学条件有了极大改善。孩子们在山寨读完一至四年级之后，全部到镇上读书，经济不是问题，但是师资配置、师资力量还有待进一步改善。比如教师的薪资待遇一般，当地还是缺少老师。学生集中到镇上之后，学生管理也是个问题。一方面，学生每周五回家，周一再回到学校，来回路途中有一定的安全隐患，虽然现在山路修整过了，但是也需要三四个小时，这就给土瑶家长接送孩子造成了很大的负担；另一方面，孩子四年级之后离开父母，从熟悉的本土文化到新的人文社会环境之中，容易出现不适应的问题。且学生受外界不良影响太大，如去网吧、逃学，学校管理很困难。有学者对此进行后续研究，发现各主体对此都有所抱怨，目前仍然没有行之有效的解决办法。但我一直相信，只要政府对此给予足够的重视，真正当作自己家的事情来做，肯定会有所改善。

杨德睿教授：

土瑶人的孩子借助汉语学习，对他们而言是障碍吗？

袁同凯教授：

确实是很大的障碍。土瑶人的儿童在上小学之前几乎不会说普通话，因为没有讲普通话的氛围。孩子们从小生活在几乎和外界隔绝的土瑶社区，儿童的社会化过程几乎在家里完成。我听过一至三年级的课，老师基本上使用瑶语，只是在读词的时候会用普通话；三年级之后，学生讲普通话的机会更多，但不能完全理解。后来到镇上上学，用普通话学习时就有了很大障碍，导致其成绩上不去。此外，教师管理方面也存在问题，只有一位教师，教授各个学科，没有人重视他怎么教书。语言确实是土瑶学生学业成绩提升的重要阻碍因素，现在从幼儿园开始强调国家通用语言文字的学习是很重要的，毕竟语言是用来交流的，从小学习（普通话）对当地学生学业成绩的提升应该是有帮助的。政府这些年扶贫工作的开展已经卓有成效了，经济也在逐渐改善。

杨德睿教授：

我认为同凯兄分享的案例是很典型的，从中也能发现人类学调查的一些共通性。比如语言障碍问题，经济困境问题，以及传统的性别角色、人生规划等等，这些少数族群与汉族人的差距是非常大的。对于这些问题，当地政府是否给予了足够重视？正如您说的，校舍改善了，但孩子还是看不到希望，无论男孩还是女孩，都更愿意早早出去打工，女孩稍微大一点就想嫁人；在师资方面，教师的工资待遇难以保障，致使师资匮乏。今天的案例既特别，又有一定的普遍性，希望接下来的教育人类学多去钻研这些问题。

齐学红教授：

袁老师分享的少数民族地区学校教育案例，与现代学校制度之间有很大的落差，只有做过人类学田野研究的人才能有更加切身的感受和体会。在袁老师分享的案例中，少数民族的学校教育是存在问题的，它没有改变当地人的生活，这让我想到了李书磊所著的《村落中的"国家"——文化变迁中的乡村学校》一书，作者把学校看作国家的象征，传授着主流文化，而这样的教育与生活之间缺乏联系，学校教育是一种外在的、植入式的存在。在土瑶的学校教育中，袁老师刚刚讲到了一些有生命力的东西，即学校教育需要与政治经济文化之间建立联系，学校教育应当有助于学生的发展与未来生活，而目前的学校教育对他们而言是缺乏这种功能的。之前我去过台北的达鲁玛克民族实验学校，这个学校当时只有十几位老师是汉族人，而学校所在的达鲁玛克民族大概有几千人。达鲁玛克民族有语言，但是没有文字，实验学校的校长就带着十几位教师主动学习达鲁玛克民族语，并且开发了一个能够传承达鲁玛克民族文化的课程体系。学生在学校里学习制造弓箭、造纸等工艺，这些技艺在其走出大山之后是用不上的，但是校长是一个有情怀的人，他说开发这些课程是为了让孩子记住回家的路，记住文化的根。所以我在想，土瑶的文化是不是也需要借助学校教育来传承，是不是学校教育也能够做出一些积极的事情。还有袁老师提到的师资问题，我很想了解案例中的张老师，他作为一个少数民族地区的老师，有没有一种文化传承的自觉或意识？我认为在未来田野研究中需要挖掘的一种力量就在于老师。

袁同凯教授：

在做调查的时候老师们还没有这种文化的自觉，只是忙于自己的教学工作。教育的目的到底是什么？是为了让人们有更好的生活、更加自由吗？如果教育是为了让人们更好地生活，那么现在的教育确实是外来的、植入的，对当地人而言意义不大。因为土瑶人很难通过高考这条独木桥进入主流社会。此外，土瑶的学生若是在外面读了初高中再回去，他们在学校教育中所学的知识对其村寨生活也没有用处，学了文化反而变成没有文化的人，游手好闲，还心生抱怨。这种现象很值得思考。刚刚齐老师谈到的台北民族学校的做法，云南、贵州这些地方也在努力，是一种乡土文化教育，有一些地方性教材。让当地人学习传统的优秀文化、礼仪，使用地方本土教材，让本土文化进入课堂，这样会缩短学习主流课程的时间。高考以主流文化课程为主，如何在主流文化课程与本土文化课程之间找到一个平衡点，是一大难题。如果能够形成擅长什么，就学什么的观念，从初高中开始分流，有能力读大学的去读大学，对传统文化感兴趣的就学习传统文化，通过职业教育实现个人发展或许是一种解决办法。现在的老师已经开始强调补偿本土文化了，会学习一些土瑶的舞蹈、诗歌，也是一种文化自觉。而且，与早年调查的时候相比，现在已经有不少土瑶人走出大山了，他们也开始意识到教育作为一种向上流动渠道的重要性了。至于如何建设地方课程体系，使乡土文化得到传承，未来还有很长的路要走，还有很多的问题要去讨论。

听众1：

袁老师好，我最近对农村养育文化，也就是人们性格气质的养成比较感兴趣。您刚才也提到，在做田野调查时，需要关注人们的言行。我主要有两个问题，一是您怎样看待土瑶的教育映射在人们性格上的特征？您认为这是可观察的吗？想听您分享土瑶人的养育习俗。二是您作为一名研究者，一名外来者，进入田野的时候是怎样和当地人们说明，获得当地人同意的呢？

袁同凯教授：

关于第一个问题，由于历史原因，土瑶人具有典型的农耕民族的性格，忍让、包容、不喜张扬是他们的特点，这可能就与他们早期的育儿方式有很大的关联性。

第二个问题，对于当地居民是怎样接纳我的，我认为首要的就是态度真诚。一方面，语言要真诚。我可能是第一个长期去土瑶村落调研的外来者，当时是以香港中文大学的博士生的身份去的。在面对当地文化时，我们就是"小学生"，需要放下学者的身份去当地学习、体验，和当地人一样生活。"平视"很重要，群众的眼睛是雪亮的，如果有任何类似高高在上的想法，肯定融不进当地人的生活。如何让群众接受你呢？我们到一个陌生的地方，肯定会成为受关注的对象，所以需要不厌其烦地、慢慢地将自己的来意解释清楚，而且对不同人解释的话语要保持一致。可以找个适当的时机、场合向当地百姓说明来意。当时他们正好举行了一个联欢会，各个村的人都会过来，我就在联欢会上将自己的来意和当地居民说清楚——"我是来学习土瑶文化的人"。

另一方面，行动也要真诚，需要让当地人感受到你是真心实意要在他们这儿待下去。土瑶人白天进山干活，家里只有老人、孩子，我到土瑶时天已经快黑了，大家还没从山上回来。村支书家只有一位60多岁的老人在剁猪草。我把背包一扔，袖子一卷，就把刀抢过来开始剁猪草。就是这一简单的行为，第二天传遍了整个山寨，人们惊讶"这个男博士会剁猪草"。实际上我从小就会剁猪草，这对我来说真是小菜一碟。过了两天，我又将他们的猪圈打扫得干干净净。所以在土瑶地区，几乎不到一周时间，大家都认识我并且知道了我的来意，很快就接纳了我，我的调查也开展得比较顺利。

总体来说，态度、行动上要真诚。你只有一双眼睛，但是有许多双眼睛都在观察着你的一举一动，你的一个表情对当地人来说都非常重要。

听众2：

袁老师好，您认为目前性别偏好的观念是否还影响着民族地区女童的辍学率呢？

袁同凯教授：

性别偏好是人类学始终都在关注的问题。受传统观念、同侪影响，女童辍学率确实是一个普遍问题,因为她们认为自己能够通过教育获得改变的可能性太小。研究者可以通过深入调查、表达研究者本人的理解、呈现当地人的解释,来如实地观察这到底是怎样的现象。转变人们的观念需要整个社会的共同努力,这是一个漫长的过程。

听众3:

土瑶人的民族信仰,对民族文化的认可程度是怎样的呢?政府介入的时候有没有注重保持土瑶文化的独特性?

袁同凯教授:

我在调查期间,可以感到土瑶人对自己文化的强烈认同感。比如,他们会在大多数场合认同自己是瑶族,如果你询问"你是过山瑶"吗?他们会强调自己不是过山瑶,也会强调土瑶的特点,如温顺有礼。但他们平时不会特意强调对自己文化的认同。

政府对土瑶文化的干预还较少,目前主要是集中在经济层面,帮助土瑶人脱贫致富。可能后期才会考虑到更深的层面,即将他们优秀的文化继续传承发展,这是值得肯定的。

听众4:

自精准扶贫以来,学校基础设施建设得越来越好,但偏远地区学生的成绩提升缓慢。特别是偏远地区的师资问题也很值得关注。对于研究者来说,如何能尽自己所能,为这种情况的改善做出贡献呢?

袁同凯教授:

这确实是很困扰我们的问题。教育人类学相较于文化人类学来说,还是希望能够通过研究者对当地文化的调查了解,给政府提供可行性的方案、建议的,这也是教育人类学所倡导的。但是这种建议应该是在现实调查,能够客观反映问题的基础上提出的。所以这对研究者的能力就有较高的要求,只有当你的建议被政府重视后才会产生较大的影响,仅凭研究者个人可能收效甚微,这是我们作为研究者的无力感。但是研究者可以通过自己的研究,最真切地反映出当地人民的所思所求。

齐学红教授：

希望今天讲座的内容与大家的对话能够对年轻人在少数民族教育和人类学研究中有所帮助，能够启发大家借助他者的眼睛，发现异文化中的宝贵内容，哪怕是仅仅将其呈现出来，本身也是对这种文化的一种贡献。

【作者简介】

袁同凯，南开大学周恩来政府管理学院社会学系教授、博士研究生导师，福布莱特高级访问学者、教育部高等学校民族学类教学指导委员会委员（2014—2017；2018—2022）、教育部"全国民族教育专家委员会"委员（2014—2017；2018—2022）、中国人类学民族学研究会教育人类学专业委员会副理事长（2019—2022）；主要研究领域为文化人类学理论与方法、教育人类学、饮食人类学等；主持完成国家社科、教育部、国家民委项目多项。在《民族研究》《西北民族研究》《广西民族大学学报》《民族教育研究》，以及 Asian Anthropology 等国内外核心期刊发表论文 80 余篇；出版教材、专著 5 部，译著 2 部。曾在新疆哈萨克草原、大桂山深处的土瑶山寨、十万大山的苗族山寨、东北朝鲜族村落以及老挝北部山区的 Lanten 人山寨、美国北卡黑人社区等地做过人类学田野调查。

别样的女权主义：海南乡村女性的"生计教育"

刘夏蓓　高娟

（北京师范大学　三亚学院）

【讲座提要】

中国教育人类学学会"学·思·行"系列讲座之"别样的女权主义：海南乡村女性的'生计教育'"于2022年10月16日14:00—17:00在线上举办，来自全国各地的百余名师生参加了学习与讨论。本期讲座由北京师范大学社会学院刘夏蓓教授和三亚学院社会学院高娟副教授主讲，南京大学社会学院人类学研究所杨渝东副教授主持，杨德睿教授点评。

本次讲座围绕"108个海南乡村的精准扶贫调查"报告、问卷、访谈等一手资料展开，以别样的女性主义（variant feminism）强调的性别协商为基础，探讨了海南乡村振兴中女性的生计教育和在经济发展中的关系问题，分析了其中的性别协商等因素。

一、海南乡村调查课题与成果

  首先，我们将通过呈现海南的地域图，向大家展示海南乡村调查课题分布的 18 个市县，共 108 个村。其中，假如一个村无法反映全貌，就将文化和历史渊源相同的两个相邻的村（在地理位置上或行政区划上可能分属两个村）看作一个文化整体。项目以海南三亚学院社会学院班底为主，国内外专家共同参与调查，从 2016 年开始，连续追踪 4 年，实地调查超 13 000 户，访谈超过 600 人，拍摄 10 000 多张图片，收集数百万字的口述史资料，目前课题组正借助现代技术手段对资料进行科学化处理。本次调查的初衷是记录中国精准扶贫到户的壮举，这是一个非常大的工程。在追踪调查的过程中，我们发现在国家政策下沉的过程中，海南当地的应对和岛外非常不一样，即费正清先生所说的"冲击—回应"模式和其他省份有很大的不同。比如刺激的度是 10，其他省份回馈 10，海南只回馈 1，这种独特性引起了课题组的兴趣。今年在疫情的空档期我们又进行了补充调查，调查涉及海南刺激回应为什么这么差、延迟性为什么这么大，即所谓的内驱力方面的研究，同时也做了很多如女性、乡村文化、仪式等专题性的研究。课题组已撰写 18 个市县调查报告，针对性较强，在此基础上将出版两套丛书：一是"海南乡村社会调查丛书"，2 个村 1 本，共 54 本书；二是"海南社会文化研究丛书"，目前规划为 5 本。

  本研究对项目成果共有三个期望：第一，丛书能够起到海南地图集、资料库、数据库的作用，为大家做海南乡土研究提供一套资料，在人类学民族志的田野调查方法下，展现从 2016 年以来 4 年追踪中海南全部的社会面貌；第二，总结与海南自贸港建设乡土变迁相关的理论性对话；第三，实现历史和现在的对话，在海南的传统文化、乡土文化和历史开发史等方面与当今再发展自贸港建设对话，为海南乡村历史、民俗、社会组织、社会治理、美丽乡村、海南文化保护、地方发展、面临国家化如何更好保护地方性等课题，提供有价值的参考和支持。

二、海南乡村女性个案概况

我从2016年开始参与该精准扶贫调查，围绕万宁市三更罗镇头村与二村追踪了4年，今年6月又再次补充了一些资料。头村和二村距离市中心都比较近，头村距市中心约4公里，二村距市中心约1.5公里，两村间的直线距离为5.3公里。在行政区划上，头村下辖头村、田头姆、风门岭、大洋、三曲溪等五个自然村，二村下辖牛契、竹六、二村、龙马沟、铺仔、三角水等六个自然村。截至2022年6月的统计数据，头村全村总计户数211户，户籍人口数为966人，常住人口743人，男性445人，女性298人，流出人口即外出务工人员240人（男性192人，女性48人），土地面积1284亩；二村全村总计户数373户，户籍人口为1334人，常住人口1365人，男性699人，女性666人，流出人口即外出务工人员440人（男性297人，女性143人），土地面积841亩。两村的外出务工人员当中，男性所占比例高于女性。而整体两村常住人口的性别比方面，女性占比约46%，男性占比约54%。年龄结构方面，两村40—59岁占比最多，约为47%，20岁以下、21—39岁及60岁以上占比分别为15%、23%、15%；人口受教育程度方面，万宁市两村受教育程度普遍较低，小学学历占比将近54%，其他占比如大专或本科及以上占比仅有1%。这是两村人口的概况。

本研究探讨和总结了调研过程中两村外出务工人员的主要特征。第一，从2016年到2022年，外出务工人员流动规模较大，增长速度较快，由于以前积累的求职关系网络，流动的方向主要是东部沿海的发达地区，如广州、深圳，目前向北方内陆流动的比例非常低。第二，流出人口中，青壮年多，其中男性多于女性，但女性也在逐年增多，尤其是目前村庄中的未婚女性，比如刚刚辍学后的这些女孩子基本上不会在家里停留，会全部外出务工流出。第三，流出人口就业方面，青壮年主要从事"去技能化"工作，部分辍学后学习了一门技能或在工作过程中掌握了一门技能而从事技能型工作，但占比非常低。在代际层次上，通过问卷和访谈发现新生代外出的青壮年较上一代流出人口文化水平高，城市融入意愿强。第四，通过访谈和问卷了解求职的圈层和路径问题，发现即使到今天，一些年轻人的求职还是主要依靠如血缘、地缘、老乡朋友等"强关系"，也有部分青年能够很好地利用互联网来寻求工作，求职圈层有一定的外延，但主要还是依靠强关系。这是两村流动人口方面的特征。

调查发现，头村和二村两村的生计模式既有传统保留性较强的一面，也有创新的一面。传统的生计模式是村民主要依靠种植海南本土的一些经济作物、养殖海南本土的一些家畜和家禽，居民以水田、山林资源、家禽、家畜等进行生业活动。新型生计模式大约分为三类。一是在精准扶贫和乡村振兴等一系列的国家政策推动下，两村开始建立经济合作社，经济合作社基于本土的特色产业，以国家或村委会为主导，采取和企业合作的模式，村民可以土地或劳动力入股，如我调研的两个村子开办了波罗蜜种植合作社、养猪合作社和养鸡场。二是村民外出务工，现在外出务工人员较多，从事非农产业的人数也在逐渐增加，有的整个家庭都外出务工。性别方面，我们在调查和统计分析中发现外出前往省外工厂的男性较多，因为海南服务业、旅游业吸纳能力较强，外出务工的女性，特别是年轻的女孩子，更倾向于在省内从事服务业、旅游业。这一生计模式存在性别的差异。三是近几年男性外出务工，留守家庭的女性以"劳工"的形式为主要生计，不离土，不离乡。在农忙之余，或者一些女性把自己家中的土地进行流转时，她们自己或和同村的女性组团在本村、邻村甚至是邻镇的一些种植大户以打零工的形式获取日结工资，平常如果家庭中子女教育或老人照料需要她们的时候，她们就可以选择不去工作，自由度较高。

调查还对头村和二村两村的性别分工模式做了进一步分析。在家务的性别分工中，目前男女两性仍有着严格的内外界限，男性负责农业生产的公共领域，绝对不参与家务劳动。而女性还停留在家庭的私人领域中，既要负责家务劳动，也要负责家庭的照料。所以在劳动性别分工中，男女两性无明确分工，女性处于承担家务、家庭照料和农业生产的三重劳动状态。性别分工中，男性外出务工，女性负责农活、家务、子女教育及老人的日常生活照料等。目前海南本土出现了"女主外，男主内"的新型分工模式，女性负责外出务工，因为在海南种田，男性基于生理差异相较于女性有一定的优势，而且海南村庄中的家庭核心化表现并不明显，多数人与老人生活在一起，男性负责农活、家庭、农业生产、子女教育等，可能由老人给予一定的辅助。这就是两个村的个案情况。

三、女性生计教育与女乡贤

在海南省乡村人口乡城转移多元并存与返乡创业、下乡资本等城乡要素流动的背景下，乡村常住人口女性化和老龄化不断加剧，女性群体生计能力在稳定脱贫攻坚成果和乡村振兴中发挥着重要的控制性作用，是前脱贫攻坚地区和已脱贫家庭内生发展动力培育的重要载体。因此，在乡村社会发展过程中，如何动员女性参与其中非常重要。

在海南省政府主导下，涉及女性的生计教育主要体现在四个层面上。第一，社会组织能力教育方面，万宁市或海南的部分地区采取的方式是政府政策鼓励，培养女性有意识地参与乡村治理。2020年以三更罗镇为试点，要求各村增加女性村干部数量，推举部分原有女性村干部为村支部书记。第二，现代农业技术教育方面，促进女性农业生产的技术应用，专门为乡村女性提供"无围墙"学习机会，考虑到以往农业技术教育在培训过程中是去性别化的，或者更针对于男性的，女性在学习过程中并不能得到真正的提升，因此万宁市的村委会每周开办种植养殖技术培训，请农业技术人员手把手教授女性劳动者种植新型作物，如万宁市现在推广的叫益智的药材，以及对传统作物进行改良，如波罗蜜嫁接技术。第三，生产能力教育方面，万宁市政府鼓励女性外出务工，村委会在精准扶贫时基本上每周有多次培训，也会请一些企业对女性进行培训，过后直接吸纳到企业工作。此外，海南的新政策是给予外出务工人员一定的补贴，对连续外出务工 6 个月以上的人员给予 300 元/月的务工补贴，对跨省外出务工的人员给予每人每年不超过 800 元的一次性交通补助，给有意向外出培训的女性每人每天 50 元的生活费用补贴。同时，引进槟榔加工企业，吸纳本村女性就业。通过这些方式鼓励和激励女性外出务工，拓宽自己的收入渠道，提升自己的生产技能。第四，产业组织能力教育方面，集中于留守女性，发挥"在地"女性农村经济生产的主体性，考虑到村户中的女性市场敏感度可能比较低，政府和村委会及时给她们，尤其是贫困户的女性一些建议，如高老师调研的村庄会鼓励女性养殖黄牛，种植益智、粽子叶，帮助女性创业。如果在这个过程中，女性没有资金，政府会为这些贫困户的女性进行金融贷款做一定的担保，帮助在地女性实现创业或者收入的提升。但是从女性生计教育的四个层面来看，目前女性的自我教育意识相对没有那么强，多数情况下还是依靠市政府、地方政府以及村委会主导，进行自上而下的推动。

女性生计教育的内在逻辑，即填补男性缺位。在人口逻辑上，海南农村人口老龄化和常住人口女性化的结构，使农村的主体生产力和治理力量集中于女性群体。政府思考的问题是如何更好地发挥女性群体的力量。在乡村的治理层面上，政府做出改变，尽可能鼓励乡村中的女性，特别是精英女性参与乡村治理，从而弥补女性在村政治生态系统中的缺位状态，使得女性能够获取一部分的权力和资源。在经济逻辑上，有利于多元化、符合本土化发展方式的建构，为贫困女性提供多维度的经济赋能支持，促进乡村女性非农就业流动，提升女性人力资本。在文化逻辑上，有利于塑造女性新的自我意识和社会定位，凝聚乡村文化共识，促进两性"性别协商"，提高女性自主、自觉设计与决策自己生活的意识和能力，提升农村女性参与家庭、社会生活的主动性，最终获得在家庭和社会中地位的提升。女性参与农村社会治理，丰富了乡村政治生态。生计教育可以激发女性群体集体行动，发展农村特色产业组织，实现乡村资源整合和有效配置，繁荣乡村经济。

  对于海南乡村女性精英群体，调查对女乡贤的概念加以阐释。传统意义上的乡贤指的是乡中贤良之士，这些人品行端正，德高望重，在乡村社会的稳定中起到较强的作用。如今，乡贤的新的时代内涵指的是能够心系乡土，有一定的公益心和影响力，所以乡村的女性精英群体就在乡贤范畴之内。乡贤治村是国家乡村振兴战略下女性生计能力的体现，也是对富人治村到能人治村，再到乡贤治村、弱势权威治村和上层精英嵌入式治村所带来的治理难题的一种修正。调查将女乡贤分为四种主要类型，集中于海南乡村社会的四个领域。政治型女乡贤指代对于乡村治理态度热情，并积极参与到其中的乡村女性，能够弥补以往女性在尖端权力缺损的一种状态。经济型女乡贤指代在乡村中以个体户或富裕户形式出现的乡村女性，她们在乡村生产过程中首先积累了一定的物质基础，同时能够利用手中的资源，带动全村居民去实现共同发展。社会型女乡贤指代在乡村社会能够起到秩序维护作用的乡村女性，她们在乡村社会的矛盾冲突中具有一定的话语权和权威性，如婆媳和妯娌的矛盾调节。文化型女乡贤一方面特指对于农村文化价值观形塑方面起到重要作用的乡村女性；另一方面，则是对丰富乡村业余生活起到带领性作用的乡村女性，她们能够帮助乡村居民摆脱一种单调沉闷的生活氛围，提升女性在乡村中参与公共生活的信心和积极性。

四、性别协商与别样女权

本研究从 feminism（女权主义）和 womanism（妇女主义）两个概念出发，着眼于国内外各类场合女性地位、卫斯理学院的办学理念，以及联合国两年一次的女性参政地图（2019）等，深刻剖析当今女性社会地位的现状。女权主义提出女性在全球的社会地位还有待进一步提高，其理论的目的在于了解不平等的本质，着重在性别政治、权力关系与性意识之上，消解或解构男性对女性的压迫。女权主义政治行动挑战诸如生育权、堕胎权、受教育权、家庭暴力、产假、薪资平等、选举权、代表权、性骚扰、性别歧视与性暴力等议题。女权主义观念将矛头指向两性问题，认为现时的社会建立于一个男性被给予了比女性更多特权的父权体系之上，而全球女性要争夺社会主流地位，包括权力、威望和显性或隐性的社会符号，和男权平权。通过观察发现，现在全球女性的社会地位确实在提高，如果按照女性主义的观点，全球女性解放的问题应该得到了解决，但非洲女性作家认为并非如此，于是提出妇女主义以取代女性主义。莫博兰尔·埃布诺鲁瓦·索图纳的《女性主义：对其非洲变体的探索》主要内容有性别话语的起源、妇女主义和女性主义的不同、非洲妇女主义变体的探索等，明确了当今女权斗争已经从两性战争转向性别协商。而当前在宗教信仰对社会结构起巨大作用的社会中，女性的生存状态依旧不容乐观。

受岭南文化、黎苗文化、粤闽移民文化三重文化影响的海南省，形成了海南水土养女不养男说，男性多偏瘦小，女性则高大能干，由此形成"女主外"的分工形式，主要是田间劳动及商业，如砍柴、卖柴、种花、卖鲜花、种水果、卖水果，从种到卖全包，从唐宋延续至明清，由此形成一种别样的女权，即"不落夫家"。男逸女劳社会现象的出现与当时社会上流传的思想观念联系紧密。海南还有女耕男儒的说法，指的是生女孩争财，即女性主要负责家务劳动、田间劳动和交换活动等，为家族增加财富；生男孩争光，即男性的主要任务是求取功名，以读书为重，这也是对男性安逸生活的合理化说法。而明清时期海南中举率很高，由此合理化了所谓男尊女卑的观念，即女性做的体力劳动都是低下的，男性干的脑力劳动都是高贵的，男性的价值比女性高，在岭南地区形成了一种买卖女性的风气，导致了女性进一步被物化，地位进一步降低。而男子在公共生活中的地位进一步确立了，如敬神、祭祖、在公共生活中充当主力等分工，使得男女两性社会地位失衡。实际上海南的别样女权，女耕男儒，男逸女劳，是有历史渊源的，是黎苗文化和闽粤移民文化融合的结果，换言之即黎苗文化和汉文化里所谓的男耕女织分工和男尊女卑地位间的关系。但根据调查资料，我们发现目前海南省女性生计教育的实施本质上是男逸女劳的变体，它延续了原来的社会结构和两性地位，让女性填补男性敬神祭祖和公共生活的缺位。

海南省政府通过经济手段鼓励推动男性、女性出去，近几年女性的积极性在提高，很多女孩子出去不回来了，也有一些结了婚的女性出去也不回来了，选择离婚，这种情况造成了"离土不离乡"和"离乡不离土"的区别。后来政府就鼓励女性离土不离乡，她可能就在周边村做工，以本职工作为主，男性更多是离土离乡的情况。

我对斯蒂瓦主义的理解是一种本土化的、不针对男性的性别解放、性别平等，我们可以把它称为性别协商。在海南男性、女性社会分工和社会地位确立的过程中，性别协商是一直存在的，斯蒂瓦主义提出的协商式的女权主义也适用于海南女性，与非洲阶级、性别、种族三重需求不同，海南女性的三重解放需求是与男性一起摆脱贫困，与男性一起争取社会地位，往上层流动，以及与男性共享平权。

✿ 专家点评与互动交流

杨德睿教授：

本次讲座时间跨度和地理跨度非常大。时间上，从20世纪70年代伊斯兰革命一路到现在，空间上，从美国的卫斯理学院里的女性到现在海南的女性。刘老师将女乡贤放到庞大的背景里分析的行为，为我们揭示了人类学研究的魅力，即将历史众生带进来。海南在岭南文化、黎苗文化、粤闽移民文化三重文化影响下形成的男逸女劳的男女分工模式被"劳心者为尊，劳力者为卑"的尊卑秩序掩盖过去，如今延续的社会结构能否使两性真正达到一种比较平等的状态？刘老师也进行了许多跨文化比较，如非洲妇女主义等，外来案例让我们清晰地看到海南在整个历史发展过程中的文化特征。这些文化特征不独属于中国，也不独属于海南，而是"全球南方"。通过南南之间的对话，多角度去评判，要具体地落在当地的处境里边去思考，作用会更大。同时，对于当前海南女性处境，考虑到政治这一核心轴，比如国家对女乡贤的重视、政策性的辅助以及人事上的提拔，将视野拉到长远的生命周期来看，我是比较乐观和积极的。

刘夏蓓教授：

我以为我是中间视角，但听杨老师的点评，男性与女性的视角不同，这个问题确实不能只从女性视角来看。从性别协商的角度出发，杨老师的说法是正确的，社会结构的改变在很大程度上取决于国家权力政治下沉，现在的下沉力度非常大，以前扶贫是把物资等发放到县里或者更往上一层，但是现在直接下沉到户了，所以我觉得这种权力的下沉，或者叫外来的扶持刺激，对于海南来说确实比以往的反应弧要短很多，有较快的反馈。女乡贤也不是凤毛麟角，而且大有复兴当年的不落夫家之势。我也再提出一个我的女性视角，海南女性无论是否乡贤，实际上都有一条任重道远的女性解放或平权的道路要走，男女协商合作，共同争取权利、平等和富裕。

高旗老师（广西师范大学）：

研究的田野调查方面，女乡贤成长经历的研究是通过对方口述整理出来，还是进行访谈？如果是运用了访谈的方法，请问对于这类成长经历的研究，一般会从哪些角度来设计访谈提纲，或者有一些什么样的问题？同时，在访谈的前期资料积累的阶段，如何克服担心考虑不周全的心理？

高娟副教授：

2016年开展的调研，主要针对的是精准扶贫的调查，即针对贫困户。就个体而言，我和其他专业的老师一同关注到乡村的女性群体。起初，我们主要是对女性群体的信息样本进行收集，但在调研的过程当中，发现了海南的乡村，女性的村干部在调研当中所起的作用是非常大的。女性在开展工作当中更积极，更细心，更有热情。接下来三年，我们进行了样本筛查和调查访谈，并在刘院长给我们提供的主题引导下正式开始，我们使用的是访谈和口述史两者结合的方式。一方面，我对女性的成长经历，对她的家庭成员都进行了访谈；另一方面，我会结合她现有的这种状态，进行成长经历类别化的一种描述。同时，在具体的调研中，我会多次重新进行访谈，并在原有的基础上设计访谈提纲。在做的过程当中，我们还是在前期的资料积累上不断整理，一直到今天，也不是说单纯地就制定了访谈或者是就直接口述下去，我们是有一个时间的追踪，所以才形成了今天这样一种研究成果给大家呈现。

刘夏蓓教授：

访谈也分两种，一种是结构式访谈，它是验证问题。可能我带着一个问题下去，我看看张三是不是这么说，李四是不是这么说，我在验证我的这个结论和假设。另一种是非结构式访谈。它的目的是发现问题。就是我可能没问题，或者说我就有一个感受，那就下去进行访谈就可以了。这个前期准备你设计得再完美，下去以后都会有意想不到的收获和问题。我的建议是你就直接去，然后在边做的过程中，边完善。

杨德睿教授：

对女乡贤四年的追踪资料是一个宝贵的资产，这四年发生了什么样的改变，原因是什么？我想这大概是这个教育研究最有趣、最神奇的地方。她们通过参与这些生计教育的活动到底学习了什么？学到了什么？有人在马林诺夫斯基著作基础上进行田野调查，观察年轻人如何在父亲的指导下成为库拉交换领域的小能手。在这样的过程中，他到底学到了什么？有什么样的意识？对所学内容自身有何理解？那一个村干部如何从稚嫩到老练，从中又学到了什么？她对于这个乡村社会的驾驭之道等有什么样的看法？那个过程我觉得会非常精彩，也能够和那本研究库拉交换的书形成一种对话。

听众：

目前我正在进行乡村教师成长史研究，想请教一下，对于这种成长过程的叙事研究，我们应该注意哪些方面？

杨德睿教授：

我的建议和之前刘教授一样，就是要先下去，然后多花时间，并认真听他们说。因为你对于他们之前的生活状态是完全不知道的，你可以问他们对什么有兴趣，他们会自然地展现给你看的。

杨渝东副教授：

我有一个小经验分享给你。当年我在做田野的时候，也与老师们有着长时间的接触。起初，我发现老师早上去农户家里喝完酒，再去学校醉醺醺地上课，这样的现象令人疑惑。但我当时并没有将其放在更广阔的背景里去思考，直到之后与他们谈教育立场，才明白，由于生活环境的不同，他们教苗族小孩说汉语的转换过程十分艰难，教学没有起色，教学热情也就几乎被磨灭掉了。其实，像这样成长经历的研究，影响因素会有很多，这就取决于你关注到的现象，然后在这个现象当中慢慢地去摸索，最后将它深挖出来。

刘夏蓓教授：

我建议同学你还是要遵循人类学的田野调查的方法，要注重观察。没必要先设计那么完美的观察方案、访谈提纲等，参与式观察，就是你观察的这个过程中,(就像刚才杨渝东教授说)就能够挖出来一些东西,所以我跟杨德睿教授的建议一样,就是你直接去。除此之外,研究教育其实有很多视角,有一种视角是教育视角,还有一种视角叫教育社会学或叫教育人类学。不要把教育悬置在社会结构之外,不要认为研究教育就只研究教育,觉得教育是一个独立于社会、文化、经济、政治之外的现象。一定要把它放在文化里头,放在杨渝东教授刚才讲的这个社会中,去考虑问题。尤其教师成长,它受到职业伦理、本土化等多方面因素的影响,要把它放在当地,去观察它的独特性,才比较鲜活。不要先拿一个东西去套它,这样的话可能最后拿回来的东西,就深度上,就不是人类学所期待的那样的东西了。

崔玉强(华东师范大学):

人类学研究视角大都是所谓的这个边远地区或边缘人群,那更普通一点的社会,比如说上海市这样经济相对比较发达的地区,这个地区中小学的女性的研究,我们采用的这个方法或者视角,跟对边远地区、边缘人群所采用的这个方法和视角会有什么样的不同呢?

刘夏蓓教授:

其实大家都研究比较边远的地区或比较边缘的人群的这个说法,不完全错也不完全对。二战后,世界殖民体系解体,人类学家就已经遇到这样的问题,他们的研究现象从殖民国家转向本土,从现在来看,北大王明明教授提出的三圈论也能够反映当前人类学研究的一种现状。人类学它从一开始是从边缘群体出发的。然后渐渐地进入主流群体,如对汉人社会的研究、城市人类学研究等。那从方法论上来说没有本质上的差异。而从方法上来说确实有一定的差异,因为原来传统的人类学,它是研究一个相对封闭的社区,研究者在他的田野里用参与式观察或访谈的方法更容易。那么对上海这样的大都市,如果你要研究一个群体,那它的流动性是很强的,如果按照人群的活动来追踪研究的话,比如说教师成长,就可能有几个不同的主要活动场景,在不同的几个地方去追踪带有重复性的、长期性的、稳定性的场景，在方法上和传统确实有一些不同。

齐学红教授：

"别样的女权主义"是理论方法在先，还是基于海南这样一个特殊的群体，而得出生成性的东西？理论视角和案例之间的一种相互的建构关系是怎样的？

刘夏蓓教授：

谢谢齐老师，提了一个难度系数非常高的一个问题，其实也是我一直在思考的一个问题。从我个人来看，我觉得今天的讲座实际上是一个双向互动的东西，既有从田野里归纳出来的概念，同时也有演绎层面或者说是受到南部理论的启发。那如果从本土的经验来看，其实是指前面所提及的历史渊源，从男逸女劳再到男儒女耕的过程中，女权有一种变体。最初可能是社会分工、社会地位和社会权利还有一些对等，到后来建立了一种"万般皆下品，唯有读书高"的理念，这种别样又产生了另外的一个变体，这个变体反而是对女权主义的一个悖论。这样的一个悖论如果把它放到整个南部理论来看，我觉得，它是能够跟国际社会的这种理论去对话的，所以，其实我也是从借鉴了这种对 feminism 和 womanism 的批判性，提出带有引号的"别样的女权主义"。

杨渝东副教授：

女性主义进入人类学已经提出很多观点，但不能完全把两性对立起来，而要看到他们主体间的互补性，这里面含有一种文化性理解，所以，在经验方面和理论方面应该如何去谈两性关系？

刘夏蓓教授：

我对性别的研究还是有所欠缺，"海南社会文化研究丛书"中有从心理层面对社会心态的相关调查，里面也包含了性别关系，但在访谈或口述史资料整理的过程中，性别意识其实并不突出。我更希望能够做出海南人自身对社会文化各方面看法的东西，同时，我也会将您提的互补的两性观这个建议放到研究计划当中来，谢谢！

【作者简介】

刘夏蓓,法学博士,北京师范大学教授,博士生导师、《北京师范大学学报》编委、校教学委员会委员、全国社会工作专业学位研究生教育指导委员会成员、教育部马工程首席专家、海南省杰出人才。兼任民盟北京市委会文化委员会副主任、民盟中央第十二届中央委员会农业委员会委员、中国民族学学会副会长;中国人类学民族学研究会海外文化研究专业委员会主任、世界民族学会常务理事;中央统战部民族宗教研究基地研究员、三亚学院兼职教授。研究领域:区域文化与社会变迁、教育人类学、宗教人类学、影视人类学、社会发展与社会工作、海外研究与人类学民族志。

高娟,副教授,博士在读,海南省E类人才,现任职于三亚学院社会学院。主要研究方向为农村社会学、性别社会学,长期从事农村社会领域的教学与科研工作。曾主持及参与多项省级科研项目,发表学术论文20余篇,著有学术著作2部。

乡村的教育士绅化

——"新村民"的另类教育与生活实践

赵杰翔

（南开大学）

【讲座提要】

中国教育人类学学会"学·思·行"系列讲座之"乡村的教育士绅化——'新村民'的另类教育与生活实践"于2024年3月24日14:00—17:00在线上举办，来自全国各地的师生参与了讲座与讨论。本期讲座由南开大学社会学系的赵杰翔博士主讲，南京师范大学道德教育研究所齐学红教授主持，南京大学社会学院人类学研究所杨德睿教授点评。

近十年来，越来越多城市中产阶层出于各种原因进入乡村，带来了乡村的"士绅化"现象。讲座以华德福学校的民族志研究为基础，分析发生在乡村的以教育为主导的"士绅化"现象。对"好的教育"的重新认知，使得城市中产家庭进入乡村追寻另类教育模式，他们将自己称作"新村民"，并通过物质空间和文化空间的双重生产在乡村形成了一个对内有归属感、对外有边界感的教育士绅化社区。"新村民"的另类教育选择不仅是对主流学校教育不满的回应，还涉及一系列以中产阶层为主的自我实践和生活安排。

一、背景介绍

（一）政策背景

随着我国美丽乡村、乡村振兴等战略的实行，乡村的基础设施、环境卫生等各个方面都有了很大的提升和改善，这吸引着越来越多的城市人去乡村体验和消费。

（二）新媒体重塑乡村形象

短视频等新媒体技术也在一定程度上重塑了乡村田园牧歌式的"乌托邦"形象。在这个背景下，乡村慢慢从问题化变成了一种审美化的倾向。

（三）中产焦虑

现在城市中产家庭的焦虑导向两个路径：一是加大教育的投资，进行影子教育（课外补习），想让孩子保持阶层地位，或向上跃升；二是一些中产家庭在焦虑之下另辟蹊径，反而回到乡村去追寻另外一种教育。我们今天看的就是他们回到乡村的实践。

（四）数字技术发展

现在数字游民越来越多，很多人只要电脑和Wi-Fi就可以工作，不受城市或乡村空间的限制，尤其在乡村租房的成本更低，所以更多数字游民想要回到乡村生活。

在这些背景下出现了一股市民入乡的"乡村热"潮流。现在城镇化、城市化是我国发展的主流，但同时，更多城市居民想要进入乡村体验、消费，甚至定居，成为"新村民"。我田野点中的这些市民因教育而做出了离城入乡的选择。

二、研究缘起

我的研究源自我和老师的一次闲聊，老师提到他有一个在保洁公司做高管、年入百万的朋友突然辞职创办华德福学校，投入大量时间和精力陪伴关注孩子，低薪甚至无偿参与到学校的各项工作中。当时我很震惊，因为从经济理性的角度考量这是很"傻"的，他们为什么要这么做，图什么？这是我最初的思考。老师说华德福教育会花一天学习一个字，注重从感受上升到理性。我震惊为什么花那么多时间只学习这么一点知识，为什么做这么"慢"的教育，能否有市场？在这次闲聊中我找到了惊叹点，产生了强烈的研究兴趣，想探索这种教育到底是什么，这群人为什么要实践这样的教育。

同时，我看到了这个研究的理论潜力，因为选择华德福教育的一般是中产家庭，很多社会学、人类学关于中产阶层教育选择的研究主要关注中产的教育焦虑，以及他们越来越投入到教育竞争和教育投资中，但这个案例似乎不一样。现在很多人批判教育的功利性，教育对孩子和老师的压迫，但怎么真正改变这种教育模式，我想这个案例可以提供现实的借鉴意义。鉴于这些因素的综合考量，硕博期间我一直在研究华德福教育及实践者。

三、研究历程

我的研究历程比较波折。2016年3月我就找到了研究热情，但当时网上信息和了解华德福教育的人不多，我从阅读华德福教育书籍入手，并尝试通过身边人寻找华德福教育的实践者。后来有导师的同事介绍了一位朋友，我们进行了电话访谈，接触到了实践群体。5月时，我在网上看到一个新开办的华德福学校在招聘老师，想通过当老师的方式进入田野点，但出乎意料的是，面试老师不注重学历背景，而关注我对艺术有无兴趣，有没有足够的时间陪伴和关注孩子。我因为唱歌跳舞一般，时间有限，面试失败了，当时很挫败，可从另一方面来看，我在失败中了解了我的被研究对象，我的田野在我尝试了解以及进入华德福教育的过程中就已开始。后来电话访谈时，家长提到了一个在国内资助了很多华德福学校的基金会，我顺利通过基金会志愿者和暑假全职实习生的间接渠道得以了解华德福教育，我参访了广州各个华德福学校，了解国内华德福老师需要参加的各种培训。于是我参加了亚洲华德福教师大会以及两期培训，我认为这是一个突破"文化屏障"的过程。文化屏障指不同阶层或不同群体可能有不同的价值观、生活方式等，和跟这个群体不一样的人之间形成一种区隔或排斥的心理，要进入这个群体就要先去了解他们。通过培训，我也了解了很多华德福的教育理念，包括华德福社群使用的一些行话，生活方式和价值观。我开始突破文化屏障，认识了很多华德福学校的创办人，其中有一个就是后来我定点华德福田野的学校创办人。2017年到2018年，我进入学校做了为期一年的研究，之后不断整理田野材料、撰写博士论文。

四、华德福教育简介

（一）另类教育

欧美学界把主流教育之外的教育模式叫作Alternative Education，国内将其翻译为替代性教育、另类教育、非主流教育等，此处使用另类教育一词，指的是另外一种类别的教育模式。国外如蒙台梭利、华德福教育等被认为是另类教育，国内也慢慢生长出如读经学堂、自然学堂、耕读学堂这些与主流教育有所差异的本土另类教育。还有一些不是西方传来或本土生长出来的,而是中西融合的教育,展现出了不同的形式。

(二)华德福教育

1. 华德福教育的起源

华德福教育是另类教育中的一种模式。第一所华德福学校在1919年创办,一战结束后,德国陷入巨大的社会危机,社会秩序混乱,不知何去何从,很多社会改革家从经济、政治视角出发,提出一系列想让社会变好的方式。斯坦纳是奥地利的哲学家、改革家和教育家,他提出了一套教育改革的方案,想从教育来尝试让社会变好。一个叫依米尔·默特(Emil Molt)的卷烟厂企业主赞同斯坦纳的想法,在工厂中赞助他创办了第一所华德福学校。华德福在当时是高品质和高质量的象征,与他们想要做的教育吻合,因此将之命名为华德福教育。很多人也用斯坦纳的名字命名这种教育,Waldorf Education 或 Steiner Education 都代表华德福教育。我们所说的华德福是音译过来的。简单来讲,华德福教育是由斯坦纳创办的、起源于德国的一种教育模式,它以人智学理论为基础,注重的是人的身—心—灵,意志—情感—思考的全面发展。

2. 华德福教育的发展现状

自在德国诞生后,华德福学校很快扩张到了欧洲的其他地区,现在各大洲基本都有华德福教育。根据华德福世界清单2022年最新的数据显示,全球有1920多所华德福幼儿园,1200多所华德福学校。虽然体量跟主流教育比起来很小,但在另类教育里发展得不错。另有基金会统计中国华德福学校的清单,目前已有80多所华德福学校,一些取得了办学资质,还有400多家幼儿园,几乎遍布各个省份。北京春之谷的老师接受采访时称华德福在中国七年的发展超过了美国的七十年。华德福在中国发展得非常迅速,德国人智学创办人娜娜也提到:"1980年代开始,华德福教育运动在全球迅速发展,但没有任何地方像中国这样快速。"背后反映的是很多中产家庭迫切想找到另外一种教育模式,而华德福给他们提供了另一条实践的可能性。经历了十几年的高速发展期,华德福目前速度已放缓。

3. 关于人的认知

华德福教育以人智学为基础,我刚进田野时,很多人说"如果不理解人智学,就不能理解华德福教育"。人智学即人类智慧学,关于人的智慧的一些本质性的探索。在这个哲学理念之下诞生了很多实践,包括人智学的艺术治疗、人智学医学、活力农耕、康复村等。华德福教育或华德福学校是人智学这棵大树中的一个分支。中国以华德福教育为中心,后在周边形成小的华德福社区,但是国外发展成熟的地方叫人智学社区,因为华德福教育只是其中的一个板块。如美国纽约附近的春之谷人智学社区,除了华德福学校外,还有康复村、养老机构、活力农耕、优律诗美等,形成了以人智学观念建构的社区。"华德福教育基于人的认知和关于人的整个图景",人智学相当于华德福教育背后的"道",所以华德福教育培训大部分时候在讲人智学,花一年时间学习如何认知人。

华德福教育中,关于人的认知有一个基础的三元,即身、心、灵。人是身、心、灵综合的整体,身是看得见摸得着的部分,对应人的意志力的发展;心对应人的情感的发展;灵对应思考。在此基础上,华德福把身、心、灵又分成了九元。主流教育注重人的理智心和理性思考的培养,要求学会知识,但很多时候这些知识跟情感道德相割裂,没有形成深层的连接,导致培养出来的教育对象不是全人。华德福教育想培养的全人是身、心、灵全面发展的人,不仅培养理智心、理性思考,增长知识,身体、意志以及情感和道德等各个方面应是整体融合发展的过程,所以华德福的很多课程设置都围绕着基础的对人的认知而展开。

4. 华德福教育的阶段性

华德福教育没有固定的课本,而有教学大纲展示在什么阶段要学习什么,以七年为一个周期。0到7岁,幼儿园阶段,发展孩子的物质身,培养其意志力,让孩子意识到世界上美好的东西。因为该阶段的孩子主要依靠模仿学习,所以身边的成人要尽可能展现善的品质,让孩子在潜移默化中学习。华德福幼儿园阶段没有太多知识性学习,更多是各种游戏设置、远足课、烹饪课,侧重身体的发展。7 到 14 岁,发展的侧重点是情感,通过设置大量艺术课让孩子发现身边的美、培养自己的情感。14 到 21 岁,在前两个七年周期的基础上,身体、意志以及情感都得到了很好的发展后,可以进行大量的思考工作。

最开始我对华德福的印象是慢,但进入华德福教育场域后发现它不是慢,而呈现一种加速度的特点,先慢后快。因为更注重打好身体的基础,14 岁之前的确比较慢,但是 14 到 21 岁时有大量的知识学习,前期慢不代表整个教育的调性慢。0 到 7 岁、7 到 14 岁之间又会分成不同的小周期,其间也有身、心、灵三元的融合发展。

5. 华德福教育实践的关键词

我从阅读、观察和跟华德福的实践者聊天中总结出华德福教育实践的关键词,这些关键词即他们想要呈现或试图达到的教育的特点。

一是节奏。华德福教育非常讲节奏,小到一呼一吸,白天和夜晚的节奏,周节奏、月节奏,一年四季,春夏秋冬,一年不同的节庆仪式,以及刚才说的七年一个周期,这些都是节奏。华德福教育认为好的教育跟节奏相互配合。比如一呼一吸,学习知识的过程像我们呼吸中吸入的过程,之后需要通过身体的运动或艺术性的活动有一个外放的过程。好的教育张弛有度,不能一味吸入知识而没有呼出的时刻。田野点的课表中有大量优律诗美、湿水彩等艺术类课程,一天或一周的教学中都会尽量体现这种吸入呼出的节奏感。同时,一年的不同节庆也会体现教育的节奏,端午节、中秋节、冬至等不同的节日中学生会学习各种知识。

二是自然。包括学校环境自然;人文环境自然,如他们希望孩子在一定年龄之前尽量不要接触电子媒体;使用的教学材料自然,包括幼儿园的游乐设施、孩子写字的蜡笔以及手工用的毛线材料等;食物自然,考虑到蔬菜水果更易保证有机无污染,而肉类欠缺有机衡量标准,我在的华德福学校希望孩子吃的东西尽可能自然,所以午餐只提供素食;孩子的发展自然,华德福教育认为到一定阶段孩子动物性的东西会开始显现,想要跟人起冲突甚至打架,老师可以尊重孩子的自然发展状态,允许在老师监督和双方安全的情况下让孩子尝试打架,体现他们对自然的多元认知。

三是艺术。华德福教育强调环境布置具有艺术性;开设大量培养专长的艺术课程,帮助教师根据不同性格的孩子绘画或自制课本,以更好地了解孩子的状态和发展变化的过程,知道在什么阶段通过什么方式支持孩子的发展;强调教学的艺术化,通过故事等艺术化的方式让孩子吸收知识,体现环境的艺术性以及环境在潜移默化当中形塑人的作用。

四是社区。华德福教育非常强调社区感,认为"养育孩子不仅需要一所学校,更需要一个社区"。一年四季节奏中的各种节日仪式,他们会举办各种活动让成人也参与其中,营造大家是一个共同体、一个社区的感觉。图1是社区老师做的培训活动,大家围成一个圆圈。圆圈在华德福教育里是一个象征性很强的符号,经常出现在各种场合中。我当时在华德福学校深度参与各项工作,很多会议都是所有人围成圆圈,营造每个人都可以表达自己观点的形态。他们认为这样平等交流的形态更有利于社群的团结和平等的互动。

图1 社区老师的培训活动

五是注重仪式。华德福教育非常注重仪式感，包括亲手制作的仪式感，如孩子要入学，老师会请家长亲自编织一个竖笛套给孩子。他们倡导的理念是孩子可能更会珍惜父母亲手制作的东西。另外，餐前颂词的仪式也是在传达对国家、父母、老师等的感恩心情，通过日常重复的仪式进行感恩教育。还有课前的"过渡仪式"，为了让孩子早上从睡眼惺忪、迷迷糊糊的状态慢慢过渡到学习的状态，老师会带着孩子一起念"太阳，那爱的光芒每天照耀我，让我充满精气神"等话语，注重仪式感在教育中的作用。

五、田野点介绍

（一）广东省仙河村

我的田野点位于广东省仙河村（化名），地图上能看到这个村落沿着一条省道呈狭长形分布。2017年，这里的本地户籍人口为4000多人，流动人口363人，近年来在政府的引导和支持下开展农家乐项目。因为村庄森林覆盖率特别高，而且主要种植蔬菜、果树等，供很多广东深圳的城里人周末来此体验和消费，所以这里最初的流动人口有一些是外地来承包农家乐的投资者。虽然政府支持发展农家乐，但成效并不明显，因景观集群不多，客流量有限，导致很多农家乐频繁更换主人或直接倒闭。但是仙河村有一些特点和优势：一是自然资源丰富，山清水秀，水质好；二是租金相对较低；三是离城市不远。

（二）阳光华德福学校

我的田野点在仙河村里，我把它叫作阳光华德福学校（化名）。这个学校2013年时从城市搬到了村里。因为城市小区里花草树木被修剪得特别整齐，有时候还被打了农药，不许孩子到处乱碰。城市小区这个空间没有办法容纳华德福教育实践，2011年后，他们各种寻找，在2013年找到了仙河村一个废弃的农庄，虽然土地面积不是特别大，但自然环境很好，可以让孩子自由自在玩耍，所以几个中产家庭先出资租下了这个农庄，再把它变成了学校。2017年，学校已经有了3个幼儿园班级，有一到七年级（因无学生报名，没有六年级）的相对完整的学段体系，有超过100个学生以及30多个教职工，每个班的人数较少，人数最少的班级只有7个学生。

（三）家长群

从职业和收入区间来看，家长群的特点是以中产为主。匿名调查发现，家长职业多为中小企业主、企业高管、高校老师，以及一些从事独立导演、独立策展人等自由职业的群体。根据调查数据显示，很多家长的年收入在10万到600万元之间，大部分集中在25万到200万元之间。中产家庭离开城市进入乡村，带来了乡村的士绅化现象。这个学校在广东，但是有家长从北京或其他城市来到这里，他们为什么会做出这样的选择，以及带来的乡村士绅化究竟是什么样的现象，就是我第六部分的内容。

六、乡村的教育士绅化何以发生

（一）士绅化

1. 概念界定

"士绅化"是社会学家露丝·格拉斯（Ruth Glass）在1964年《伦敦：多面的变化》中提出的概念，最初用来形容发生在伦敦的工人阶级居住区被中产阶层入侵、改造和取代的现象，注重对城市空间变化以及城市中心区变化的分析。士绅化是一个涉及土地使用者人口变化的过程，发生在新使用者的经济地位高于先前使用者的情况下，士绅化社区的特点是外来的以中产阶层为主的群体逐渐成为社区土地和空间的新使用者。同时，社区的景观文化等方面随之变化，以迎合其审美、品位和生活生产等需求。我的案例中，这些中产家庭想要追寻另外一种教育模式，且随着阳光华德福学校在村庄的修建，越来越多中产家庭搬入乡村，成为乡村新的土地使用者，给这个乡村的物质景观和文化等带来了很多的变化。

2. 相关研究

20世纪60年代士绅化提出以后，到70年代末，主要用于分析城市中心社区转型现象，这个阶段也被认为是研究的起步阶段。从80年代到20世纪末，士绅化研究不断扩张，"乡村士绅化"被提出并引发学者关注。21世纪，乡村士绅化成为国际农村研究的热点，主要围绕动因和后果展开，学者开始关注士绅化给乡村带来了怎样的影响。2010年以来，是乡村士绅化的本土化和中国化的阶段。因为士绅化是外来概念，而且中国百年以来乡村一直在经历问题化的过程，很多人拼命学习想要所谓的"逃离乡村"，所以回到乡村的趋势是在2010年之后才慢慢发生的，关于乡村士绅化的研究也起步很晚。

(二) 教育士绅化

士绅化研究不断扩展的过程中出现了很多不同的类型，如旅游士绅化、乡村士绅化、环境士绅化等。其中教育士绅化的发展非常迟，21世纪之后，很多中产家庭开始以孩子为导向选择居住地，学校或教育资源成为士绅化过程中的重要因素。越来越多中产家庭因为教育来到乡村，教育士绅化相关的案例才逐渐出现，研究也开始慢慢发展。国内士绅化的研究较少，教育士绅化的相关研究更少，从一些学者的案例中，可以看到这些研究背后预设的普遍意义上的好教育跟优质学区、名校挂钩，好教育应该设备优良，升学率高，或者名师坐镇。在这样的预设之下，中产阶层才会搬入这个地方，引起教育的士绅化。而乡村历来被视为教育资源匮乏之地，如此乡村的教育士绅化无从发生，那为什么这些中产家庭还要离城入乡？我在研究中发现它涉及教育和生活选择。

1. 离城入乡的原因——基于访谈资料

[选择的原因1] 对教育功利性的反思

一位妈妈看到了孩子在主流学校就读眼神由明亮到木然的变化，对教育的功利性提出了反思。她认为好教育的目的不是为了高考做准备，于是开始寻找有没有其他方式可以保持孩子的好奇心、对学习的兴趣、对周围世界的感知。

[选择的原因2] 对自身教育经历的反思

蓝佩嘉老师在《拼教养》中提到，"父母会把自己的生命经验当成对象来看待与反省，从而定位自己的教养态度与实作"。很多家长会通过回看自己的教育给孩子选择教育模式。其中一位家长是华德福学校的创始人之一，经济优渥，但因自己的童年经历时常郁郁寡欢，所以她认为童年对于孩子一生的成长非常关键。另外，这位妈妈虽然算是应试教育体系的成功者，但也同时是受害者，受制于要成功有钱才有安全感的实用主义价值观。综合这两点，她非常谨慎地帮孩子选择童年应接受的教育模式。

[选择的原因3] 理性考量的结果

前两个原因的出发点更多是感性因素，也有家长选择华德福教育是理性考量的结果。比如，有的家长在做教育选择时认为最大的风险是"废掉"，即孩子没有追求、责任心、自己的想法，或无法融入社会。而他认为这种风险在逼得很紧的教育体系里最容易出现，所以经过风险成本计算等理性考量后，选择了华德福教育，因为这种教育能留给家庭教育介入的空间较大。并非所有选择华德福教育的家长都认为孩子只要开心快乐就足够，有的家长也希望孩子获得世俗意义上的成功，但不是拼死拼活追求到的比较低级的成功，而是孩子培养得好，如身、心、灵全面发展后自然而然的结果。

[选择的原因4] 唯一的选择

华德福学校有一些多动症或自闭症孩子，他们很难适应主流学校。有一个妈妈是大学老师，孩子轻微自闭，在学校有社交障碍，作业也常常完不成，但她本身是主流教育体系培养的成功者，所以这不足以让她脱离主流教育体系。在她不断尝试让孩子融入主流教育时，环境给她带来了一种排斥感，她得不到身边其他孩子的家长或老师的支持，所以最终还是决定离开主流教育体系，去更包容和接纳的环境，即选择华德福教育。对于部分特殊孩子而言，华德福教育成了没有办法后唯一的选择。

[选择的原因5] 从自我出发，不仅仅是为了孩子

有妈妈因为通勤时间长，辞职随孩子住进乡村，有人会觉得做出的牺牲太大了，但她认为在给孩子寻找教育的过程当中，她也在不断回溯自己的人生经历、教育经历，慢慢明白了自己到底想要什么样的生活，华德福教育刚好契合了她作为一个成人的需要。还有家长选择去山里或村里不仅是因为孩子，而是家庭舒适的生活安排。还有人认为"华德福教育本身满足了我作为成人的需要，是心灵的家园"。之后也会提到华德福教育远远不仅是怎么教孩子的一种教育模式，还涉及成人的教育、成人的自我教育，以及社区的教育。从某个程度上来说，华德福教育能满足成人的需要。

2. 重新定义"好教育"

从这些原因中，会发现这些家长正在重新定义"好教育"。他们认为的好教育，不跟名师、升学率挂钩，而跟自然环境，孩子的健康成长，孩子身、心、灵的全面发展息息相关，同时这种好教育不仅仅是一家人为了孩子牺牲，而且是父母和孩子一起成长。在他们对好教育的重新定义之下，乡村的教育士绅化由此出现，"从这种另类好教育的视角出发，看起来教育资源匮乏的乡村实际上有很多得天独厚的条件可以为这些家庭的教育实践提供良好的基础"。首先，乡村的自然资源非常丰富。乡村可以满足华德福教育实践跟自然亲密接触的需求。其次，乡村社区的土地成本相对城市较低。同样的价格在乡村能租一个更大的空间进行教育实践，而且乡村社区的空间规划有更大的弹性空间，方便进行另类教育的尝试。

七、教育与生活实践：双重空间的生产

"如果未曾生产一个合适的空间，那么'改变生活方式''改变社会'等都是空话。"（包亚明，《现代性与空间的生产》）所有教育理念的实践其实都需要一个合适的空间，这里主要分析的是双重空间：物质空间与文化空间。

（一）物质空间的再生产

1. 教育空间

教育空间，说得直白一些，就是教室。要从城市搬到乡村开始华德福教育的实践，首先需要有教室去容纳教育实践。通过访谈，我们了解到，阳光华德福学校是由一个废弃的农庄改成，初期非常破旧，教育空间的建设是老师、孩子、家长共同参与的，包括修路、清理垃圾、刷墙等。阳光华德福学校从城到乡，从共同开辟、改造了这样一个教育空间开始。通过共同参与教育空间的建设，学校、家长、师生之间的联系逐渐紧密。

2. 生活空间

学生在学校，不仅需要教育空间，还需要生活空间。乡村离城市有一定的距离，有一些家长是从北上广等其他的城市过来的，需要在乡村有居住的地方。广东乡村常见较大型的钢筋混凝土建筑，这些建筑往往根据家庭成员数量而建多层。广东乡村的农家乐发展并不理想，许多年轻人外流至城市工作，留下了大量空间可供外来人口租住。这些中产家庭迁至乡村后，便开始租用村民的房屋居住。租金相对低廉，随着时间的推移，逐渐形成了新村民较为集中的居住空间，如"大园子""小蓝楼""花果林"（均为化名）。

除了改造室外空间，新村民们还会对室内空间进行大量个性化改造。他们倾向于使用贴近自然的原材料、与教育理念相契合的材料去布置自己

的空间。

图2 个性化改造的室内空间

3. 商业空间

此外，新村民们还开辟了商业空间。有一些家长来到当地之后，则会进行创业的尝试，将生产与生活结合，比如在村里开办餐厅。尽管提供的菜品在本质上并无不同，但这些新村民开设的餐厅注重食物的摆盘，与当地农家乐和农庄的风格形成对比。因此，这些餐厅的价格通常比普通农庄要高。在打造这些商业空间的过程中，新村民们注入了自己的审美和消费观念，形成了与当地村民的区分。这是新旧居民之间逐渐形成差异的过程和结果。

(二)文化空间的生产

在物质空间的建设过程中，学校设施日益完善，吸引了更多学生入学，也促使更多中产家庭迁入。同时，华德福还是一种生活方式，吸引了那些没有孩子但偏好这种社群生活方式的人群。因此，新村民的数量不断增加，乡村空间逐渐更新，新的土地使用者也在增多。在这个过程中，教育士绅化不仅仅是物质空间的再生产，更是社会关系和文化意识的再生产。因此，对文化空间的关注同样重要。

1. "华德福圈"的大社区教育

有位家长在访谈中提到,如果个体认可了华德福教育,在这个圈子里,就像获得了一个身份认证,大家有共同的价值观,彼此信任,彼此托付。华德福圈作为一个亚文化群体,其实强调的就是对华德福教育及其相关的生活方式的认同。大社区指的就是华德福圈,它类似于人类学中所说的"想象的共同体",即如果我们都是华德福教育的实践者,那么我们拥有共同的理念。

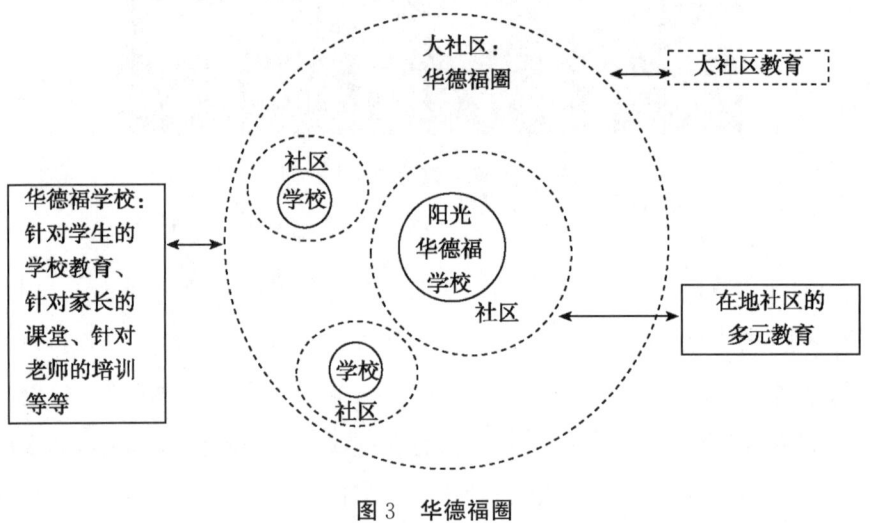

图3 华德福圈

在大的华德福圈之下,有许多小的社区和学校。例如,在全国各地,甚至全世界,都有许多围绕学校形成的小型社区,这些社区共同构成了华德福圈的大社区。我选择阳光华德福学校作为田野调查点的原因之一是该校周边有许多家长居住,形成了一个以华德福家长、老师和孩子为主的小型社区。

在此过程中,我研究的教育不仅仅是针对孩子的教育。首先我认为它是大社区的教育,包括全国性或地区性的一些工作坊、讲座、会议、培训活动等等。在这些全国性或地区性的大活动中,许多华德福老师、家长以及其他想了解这一教育的成员,成为大社区教育的被教育对象。人们开始讲述人智学，解释如何理解人，讲述华德福教育是如何进行教学的。许多华德福教育的拥趸正是在这个过程中不断涌现出来的。

国外的研究者（Ida Oberman）探讨了华德福教育如何在没有官僚框架维持的情况下，可以跨越不同的地理、社会和历史背景保持一致性和本质认同。她认为，首先，第一所华德福学校及其奠基人的记忆为华德福教育提供了重要指导。许多培训中会重复讲述华德福教育的诞生过程，这种重复讲述实际上是在不断复制和粘贴关于教育的集体记忆。集体记忆是塑造认同的一种重要方式。其次，连续的教师培训和教师网络的建立，为华德福教育提供了统一的方向。通过这些培训，华德福教育的教学方法和实践不断传播，使其能够跨越不同地区，获得一致性。最后，更深层次的是，人智学作为一种世界观、信仰体系或实践思想，在这些培训中不断被讲述和实践。这意味着华德福教育不仅传播其教学内容，其背后的价值观念也在不断传播。因此，针对大社区的教育在维持华德福教育的认同和一致性上起到了非常关键的作用。

2. 在地社区的多元教育

许多家长在加入社区后，会根据自己的特长或兴趣组织各种活动，如瑜伽、太极、呼吸课等。这些教育活动是由家长自发组织的。例如，我曾参加的一个家长举办的中医工作坊，就是社区多元实践活动之一。通过这样的中医学习小组，我开始了解中医，也了解到华德福实践者对待疾病的观念与治疗疾病的方法。

3. 华德福学校的教育

以阳光华德福学校为例，既有针对学生的学校教育，也有针对家长的课堂和针对老师的培训，形成了不同层面的教育模式。因为华德福教育的特殊性，为使家长更好地理解和认同华德福教育理念，形成教育合力，学校会开展各种家长课堂和读书会。并且华德福教育强调身体发展，如果家长不理解其教育设计，可能会在孩子学习初期感到焦虑，这不利于华德福教育的实施。

在华德福学校中，家长承担多重角色，他既是教育者，如有的学校可能缺老师，若刚好华德福家长有这方面的知识，那他就可能会成为学校的一名老师。家长又可能是决策者、捐赠者和志愿者。因许多学校缺乏政府资金支持，家长需要主动出资支持学校。此外，节庆时的社区活动也需要家长志愿参与。因此，让家长认同华德福教育变得尤为重要，这也是有许多活动面向家长的原因。

在这个过程当中，我想要强调的一个点是教育的建构力。顾明远老师曾指出，"教育无时无刻不在传播文化和创造文化"。在华德福教育的实践中，既有针对孩子的教育，也有针对成人家长的家庭教育、社区教育、学校教育，还有很多家长通过学到的方式进行的自我教育。在这些多元的教育模式之下，教育就建构了华德福圈的亚文化。

多元的教育形塑了具有特色的生活方式：比如在穿衣方面他们偏爱棉麻、宽松、暖色调的衣物；在食物方面偏好有机、自然的素食等；在住的方面喜欢贴近自然的装饰；在行为方面比较注重审美、环保；在处理疾病方面也倾向于中医和自然疗法；等等。田野调查强调同吃同住同劳动，在我的田野点中，我开始体验他们的穿衣风格，以及与他们一起体验在身体不适时的处理方式。

另外，多元的教育形塑了风格化的思维模式。他们比较强调活在当下、无畏面对未来，并认为感受比思考更为重要；他们非常强调觉知和觉察，当个体遭遇不良情绪或焦虑时，会被鼓励停下来，静下心来观察和理解这些情绪的根源。社区内的活动，包括瑜伽、拍打、太极等，是帮助个体培养这种思维模式的方式。他们视不顺心的事件为个人修炼的机会。

此外，他们还注重构建情感空间，塑造友爱共同体。在节日和仪式活动中，他们不以家庭为单位进行竞赛，而是打破家庭界限，鼓励个体和小家庭融入更大的社群。例如，旱龙舟活动中，包含三个家庭的成员——爸爸来自一个家庭，女儿和妈妈来自另一个家庭，还有一位另外家庭的孩子——通过这种方式，个体小家庭融入更大的社群中，塑造友爱共同体。

总之,"新村民"通过物质空间和文化空间的双重生产,在乡村形成了一个对内有归属感、对外有边界感的教育士绅化社区,他们形成了自己的生活圈。

(三)融合的尝试

当然,社区内部也进行了很多反思,意识到与当地社区过度割裂可能不妥。因此一些家长积极推动与当地原住居民的融合尝试。

[案例1]环保中心与共享空间的建立

有些家长因对环保的关注与制作酵素的兴趣,提议在村里建立环保中心,这与村委会想要建立环保村的目标相契合。于是,双方就共建了环保中心,新村民教当地村民垃圾分类和酵素制作的方式,促进了新老村民的短暂融合,后来因为资源支持不足等原因,这些环保行动并没有持续很久。

[案例2]电影放映与创造公共空间的尝试

有家长是独立导演,会利用电影资源在村里放映露天电影,这也是一件创造公共空间,促进新村民与原住村民共享美好时光的事情。尽管最初反响积极,但随着新鲜感消退,人们逐渐回归家庭娱乐,更愿意回家看电视、打游戏。

[案例3]阅览室与共享教育空间的开放

第三个尝试是在村里建立阅览室,供当地和外来孩子共同阅读,但由于阅览室位置偏远,当地孩子使用率不高。总之,这些融合尝试只能起到短暂性或阶段性的效果,但长期来看,两个群体之间仍存在较大区隔。

八、小结

对"好教育"的重新认知,使得城市中产家庭进入乡村成为"新村民",追寻另类教育模式,这种教育选择不仅是对主流学校教育不满的回应，还涉及一系列以中产阶层为主的自我实践和生活安排。"新村民"通过物质空间和文化空间的双重生产在乡村形成了一个对内有归属感、对外有边界感的教育士绅化社区。该社区与当地原有社区之间存在明显的区隔和张力，即使部分行动者试图促进"新村民"和当地原住居民的融合，但这种融合也只是短暂的。新村民来到当地之后怎样与当地进行更好的融合，其实也是要去持续探索的一个问题。

如果大家对今天分享的内容感兴趣的话，可以进一步去阅读这三篇文章。

- 《非营利教育与亚文化的生产——以华德福教育实践为例》，《中国非营利评论》2020年第2期。
- 《乡村的教育"士绅化"——以一个华南村庄为例》，《中国农业大学学报（社会科学版）》2022年第4期。
- 《在异乡练就"新自我"——入乡青年表达型自我建构的民族志研究》，《广东社会科学》2023年第5期。

❉ 专家点评与互动交流

杨德睿教授：

从人类学视角来看，赵博士深入研究领域，与研究对象同吃同住同劳动，甚至在当地担任教师，进行了长达一年的实地考察，非常值得肯定。符合人类学原初的理想之一——融入另外一种生活里，去成为其中的一分子，体验和学习另一种人生。

再谈一谈我认为比较遗憾的地方。

首先，研究未能充分呈现孩子们的观点。教育人类学强调学生视角的重要性，赵博士的研究由于时间充足，本应能更好地捕捉孩子们的声音。

其次，赵博士的研究聚焦于教育士绅化，但在讨论仙河村的具体情况时，资料和讨论尚需充实。研究将华德福学校带来士绅化现象的原因进行了详细剖析，但全面理解士绅化现象，还需要关注以下几点。第一，老村民怎么看待这群新住民？即主观态度的问题。第二，可以转换视角，从仙河村的村民来看，士绅化客观上对老村民的生活产生什么变化？他们认为发生了什么？他们是怎么描述整个事情的？第三，华德福学校的意图与理念是否在中国发生了较大的转折？华德福到中国来到底是不是希望融入村落，融入地方，融入乡村？还是说新住民们想要建立一个新的乌托邦？

最后，在当前乡村振兴的背景下，探讨华德福学校的发展对乡村振兴是否具有帮助也很有意义。全国众多学校正在实施校本课程，涉及乡村教育的多个方面。虽然这些课程的框架可能与华德福教育不同，但若华德福教育的核心理念能够促进校本课程的发展，并为乡村振兴提供支持，那么它将展现出独特的意义。因此，未来研究可以进一步探索华德福教育与乡村振兴之间的对话和互动。

赵杰翔博士：

首先，研究中忽视了孩子的声音，之所以出现这样的情况，主要有四点原因。第一，家长的选择和对教育模式的探索是本研究的动机，因此我将田野调查的重点主要放在了家长身上。第二，家长也是被教育者，是华德福教育的重要主体，同样值得关注。第三，尽管在与孩子们的互动中，我注意到了他们的观点和想法，但由于研究主要聚焦于成人的转变，在论文中没有找到合适的切入点去进行详细阐释与分析。第四，部分孩子是因为家长的决定而非自己的选择来到华德福学校，孩子的自主性或主动性会弱一些，增加了处理这些材料的难度。

其次，杨老师提到研究"士绅化"要关注村落本身，我也非常认同。在我进行田野调查的前六个月，我主要关注的是华德福社区，注重与学校的老师、孩子和家长建立联系，当时并未太多关注乡村的士绅化问题。也是在工作后，袁同凯老师提出了和杨老师类似的建议，我开始思考如何拓宽我的研究视野，将注意力转向更广泛的乡村问题。

我的论文中有两小节涉及乡村，其中谈到了一点村民对外来群体的态度。通过访谈发现，大多数村民对外来者持有消极看法。例如，一位卖菜的阿姨感到被外来家长看不起,他们总是一副高高在上的样子。虽然她承认外来群体中也有与她关系较好、关心她的人,但总体上,她感受到的排斥感较为强烈。

并且,许多村民和外来者均感觉自己与对方没有直接联系。外来者日常生活的方方面面大多通过网络完成,包括租房和购买生活必需品。这种生活方式导致了他们与当地村民的区隔。虽然有一部分外来群体对这种隔离状态提出了质疑,并尝试与当地村民进行融合,如我之前提到的三个案例,但这些尝试是个别现象。我认为,至少在我的研究案例中,华德福社区对于乡村振兴或当地乡村社区的发展贡献相对有限,在为当地提供房租收入等方面有促进的作用,而在其他方面对社区的影响较小。

关于杨老师提到的华德福学校的理念,我感觉在国内,华德福学校绝对不是乌托邦。可能我在讲述时侧重了他们注重自然、社区,但其实它内部也存在矛盾和张力,特别是在中产家庭与年轻华德福老师之间,经济财富的差异导致了观点上的冲突。一些中产家庭可能试图利用其资本优势对教学工作施加影响,而年轻老师则坚持自己的教育理念,不愿受到家长的干扰。即使是在推行华德福教育的老师之间,由于对教育理解和实践方式的不同,也可能产生冲突。家长之间的态度也不尽相同,有的家长积极与当地村民建立联系,有的可能因为社会地位的自我认知而不愿与当地居民交流,这种差异甚至在家长群体内部引发了冲突。

最后,通过观察,华德福家长最初迁往乡村主要是出于对特定教育理念和生活方式的追求。然而,随着时间的流逝,他们逐渐开始与当地村委会建立联系,并参与到当地事务中,如环保活动等。这种公共意识并不是一开始就有的,而是一个渐进的过程。在这个过程中,双方在尝试融合后得到的积极反馈是推动更和谐局面产生的重要因素。虽然目前(华德福社群对乡村)隔离性仍然较强,对乡村振兴的贡献有限,但我相信随着时间的推移和更多的交流尝试,情况会逐渐改善。

齐学红教授:

研究中你提到"家长和孩子一起成长的教育才是好的教育",令我很受触动，关于"好教育"的思考更多地体现了家长个人的教育选择。并且，研究中呈现的家长访谈部分引人入胜，对于中产阶级家长群体来说可能产生强烈共鸣。我还有几点想法想与你交流。

第一点，虽然你提到"士绅化"是源自英文词汇的翻译，但"士绅"是一个非常具有中国本土化色彩的概念，过去更多指代的是乡村中那些有知识和学养的人，他们能够成为乡村文化建设的引领者。你的标题可能让人误以为是乡村中的士绅对当地文化和社会进行了改造，这与你今天讲述的内容存在一定的落差。你实际上讲述的是华德福学校的家长基于自然环境的优越性和教育成本的考量，选择在乡村地区办学或让孩子接受教育的情况。

第二点，华德福学校毕竟位于乡村，关于仙河村与华德福学校的互动关系研究中提及较少。

第三点，陈向明老师在《旅居者和"外国人"》中提到，一些人在城市中的旅游景点居住数月，生活便捷却与当地村民几乎没有交流与联系。我在思考，华德福学校为什么远离城市呢？我可能更关注华德福教育的未来走向，比如孩子们在升入初中、高中或更高年级后，是否又会回归"主流"的城市文明？

最后，这项研究未来与中国的理论和实践进行对话时，可以考虑从文化主位的立场出发，站在乡村的角度重新讲述华德福教育的故事，这样它真正地扎根于中国的乡村，也有与城市教育之间的对话，或许可能为城市教育提供新的可能。

赵杰翔博士：

"士绅"是社会学和人类学非常关注的一个概念，费孝通先生和吴晗先生将"士绅"视为传统社会中有学识、能上传下达的阶层。"士绅"在中国传统文化中更多是指一个相对固定、流动性较弱的阶层。我提到的"士绅化"这一概念，这个词的词根，是"绅士"这个群体，更多与英国工业化、市场化和商业化过程中的空间竞争有关，是流动性很强的群体。

但二者之间也存在共性,即都处于当地社会的中间阶层。同时,"士绅研究"和"士绅化研究"二者实际上存在于不同的研究脉络和背景中。当然,二者在概念上确实容易混淆,我理解的是,国外的乡村士绅化涉及中产阶层搬迁到乡村并过上理想生活,而在中国,作为社会事实的乡绅已经不存在,但作为态度的士绅或乡绅仍然存在。一些华德福家长回到乡村并带来了乡村的士绅化现象,这些家长在尝试融入当地社会的同时所做的在地的尝试,比如通过创造公共空间放映电影等活动,体现了一种传统乡绅的乡土意识和社会责任感,这一点在态度上(和中国传统的士绅)是相通的,都强调在实践中为社会做贡献的新乡绅的精神和态度。

再补充一下华德福学校和乡村的互动。他们的教育尝试给乡村教育带来了一定的积极影响,比如通过举办冬令营等活动,让当地孩子和外来孩子共同参与,以此帮助孩子们建立对乡村的认同感。除此之外,华德福教育为人们提供了看待乡村、看待乡村教育资源的另一个视角。在传统观念中,乡村教师渴望向上流动、人们认为乡村教育资源不足,但华德福教育认为乡村充满了可能性以及丰富的教育资源,强调利用乡村的自然优势作为孩子们情感和身体意志发展的良好基础。故华德福教育虽然没有改造乡村原本的教育资源,但它带来了新的老师,也促进乡村的老师从优势的视角去看乡村。

关于您提出的华德福学校学生未来走向的问题。其实,在华德福学校里面有几个年级学生流失较为严重。具体来说,三年级是一个转折点,家长可能认为孩子在华德福学校已经建立了良好的身体和情感基础,接下来可以进入主流教育体系继续学习。六年级学生需要准备升入初中,家长可能会选择让孩子进入主流教育以更好地适应未来的学业要求。此外,九年级也是一个学生流失的小高峰,因为这是学生准备进入高中的关键时期。当然也有来自主流学校的学生转入华德福学校的情况。

四川华德福学校探索出了不同的教育路径。为了适应不同学生的需求,学校采取了分流策略,为计划出国的学生继续提供华德福教育,为打算参加高考的学生安排专门的老师，帮助他们适应应试教育。其实也有孩子从幼儿园到高中一直在华德福，但在临近高考之前的一两年开始去准备高考。故华德福教育跟主流教育之间，不是完全隔离，存在着从华德福教育流回主流教育，也有从主流教育流回华德福教育两种情况。

您和杨老师都提醒要更多地站在乡村的角度去思考，我在之后的田野调查当中也会更注重这一方面资料的收集，非常感谢两位老师的点评。

赵艳芳博士（南京师范大学）：

请问研究过程中使用了哪些研究方法？具体是怎样实施的？

赵杰翔博士：

我的研究主要分为两个阶段。第一阶段（前半年）主要采用参与观察法，通过与研究对象共同生活和劳动，深入社区进行观察，绘制社区地图，记录日常工作，并做了详细的田野笔记，为后续研究提供基础材料。第二阶段（后半年）在与社区成员建立了良好关系后，开始进行访谈。访谈时使用类似于问卷的小卡片，收集访谈对象的基本信息，如家乡、职业和年收入等，以便更好地分析他们的社会经济状况。这种方法针对性强，仅在特定访谈对象中使用，有助于深入了解社区成员的生活和社会背景。

听众1：

华德福学校有没有和乡村的教育资源互动共享？

赵杰翔博士：

华德福学校确实有一些与乡村教育资源的互动，主要通过举办夏令营和冬令营的形式。这些活动会邀请当地孩子参与，从而实现一定程度的资源共享。然而，华德福教师直接进入当地学校进行交流的情况较少，偶尔才会有教师去当地学校进行参观学习。有时，学校还会在一些节日——如中秋节和新春庙会，邀请当地村民参与。

听众2：

华德福学校是如何利用乡土文化资源教育孩子的呢？

赵杰翔博士：

华德福教育其实挺强调对当地文化的学习的。例如，在广东，在我研究的阳光华德福学校，从幼儿园到小学，课程中融入了许多当地的歌谣和诗歌，特别是粤语的歌谣。在幼儿园，孩子们会在围成圈的时候唱粤语歌曲，这体现了对本地文化的关注。孩子们三、四年级的时候，华德福教育会更加强调个体对空间的感知，鼓励孩子们从自己的家庭和学校开始，了解整个乡村社区的地理环境、物质空间以及文化特色，这种学习方式也是对乡土资源的有效利用。在节庆和仪式方面，华德福学校会就地取材，如利用当地的植物，教孩子们制作粽子，从而了解、认识当地的自然资源。利用乡土文化资源教育学生不能仅局限于华德福学校内部，它其实是可以广泛应用的。

【作者简介】

赵杰翔，中山大学人类学系博士，印第安纳大学伯明顿分校访问学者。2021年就职于南开大学社会学系。研究方向为文化人类学，主要关注乡村发展、教育和公益等议题。目前已在《广东社会科学》《中国农业大学学报（社科版）》《民族教育研究》等核心期刊发表多篇论文；主持国家社科、天津市社科等多个项目；同时参与《慈善蓝皮书》《华人慈善：历史与文化》等书籍的写作。

具身或具身性教学

仪式教育的再发现

张志坤

（首都师范大学）

【讲座提要】

中国教育人类学学会"学·思·行"系列讲座之"仪式教育的再发现"于2023年6月18日14:00—17:00在线上举办，来自全国各地的百余名师生参加了学习与讨论。本期讲座由首都师范大学初等教育学院副院长张志坤副教授主讲，南京师范大学道德教育研究所齐学红教授主持，南京大学社会学院人类学研究所杨德睿教授点评。

仪式是人类重要的活动形式，具有构建社会、维护社会秩序的重要功能。在学校、家庭、社会等领域中，有大量的活动都是仪式活动，对儿童的生命发展产生很多潜移默化的影响。关注并有效地设计、组织好仪式活动，对于小学生身心的全面发展，对于学校文化建设具有独特的意义。本报告主要讨论仪式的内涵与功能，进而对接仪式中的教育，教育中的仪式，深度发掘仪式的教育价值（仪式活动与德智体美劳五育的关系），尤其是以校园仪式为主要研究对象，通过一系列的案例，充分讨论校园仪式的设计、组织与实施，以及如何进一步丰富学校的隐性课程资源。

在今天的讲座中,我们共同关注仪式教育在新时代如何焕发新的生命力,下面将从仪式教育的价值、理念和实践探索三个维度进行解读。

一、价值:我们为什么需要仪式?

随着信息技术的广泛应用,以及全球化浪潮的不断推进,我们越来越被裹挟在快速、虚拟现实、碎片化的生活之中。毋庸置疑,信息技术给我们带来生活、通信、交往、学习乃至生活各个方面巨大的变化,让我们享受快捷,但用辩证的思维来看,我们的内心处在这种身体、思维和情绪的波动中很难平静下来,紧张、压力、迷茫、亢奋、激动等各种感觉充斥在我们的内心之中。尤其是对于青少年,他们似乎更缺少一种可以让身心得到平静的方式,他们的童年似乎不像原来的童年那么简单、质朴和欢乐了,他们身上也承载着越来越多的压力。正如辛格霍夫所说:"在今天节奏越来越快的社会,传统的交往形式和安逸感几乎流失殆尽,因此人们渴望自己的生活能够获得一种结构,一种温暖的特别之处。"辛格霍夫也给出了自己对此的答案——仪式。仪式能让我们在自由和秩序之间找到一种平衡,有意识地去感受、记忆和珍惜生活以及生命中的特殊时刻。其含义就是仪式是解决我们现在心浮气乱,缓解我们盲从盲目的一把金钥匙,它使我们的内心能够找到一种平衡,而让我们在日常的生活当中多一些值得留恋的、值得记忆的时刻。在我们的生命过程中,那些特殊的时刻都由仪式记录和伴随。

辛格霍夫的《我们为什么需要仪式》很容易懂,是我们学习或者关注仪式的入门之作。打开这扇门,我们会觉得原来生活当中充满着各种各样有趣的、重要的仪式,它可以记录我们生活的点点滴滴,可以让我们的生活有秩序、有节奏、有快乐、有价值、有意义。除了这本书,另一本大家非常熟悉和喜欢的书——《小王子》里这样写道：

> 第二天小王子再次回到这里，狐狸就说："你最好每天都在同一个时间来，比如说你下午四点钟来。那么从三点钟起我就开始感到幸福。时间越临近我就越感到幸福，到了四点钟的时候，我就会坐立不安，我就会发现幸福的代价。但是，如果你什么时候都来，我就不知道什么时候该准备好我的心情。"

原来小王子和狐狸之间的对话也有仪式的片段。我们对于重要的、期待的、渴望的事情，内心总是充满了期待感和准备感。如果没有这样的期待和准备，我们的生活好像缺少了节奏，也缺少了温暖。仪式让我们的生活有节奏、有味道，让我们的生命有温度、有意义。

二、理念：什么是仪式和仪式教育？

（一）仪式

仪式对于中国人来说，并不陌生。中国自古就是礼仪之邦，礼的文化、礼的制度、礼的现象，源远流长。几千年来甚至在更早的时候，以礼治国成为儒家思想重要的主张。"不学礼，无以立"源于《论语·季氏篇第十六》，这个典故让我们知道孔子非常重视对于自己的弟子和孩子的礼的教育。

对礼进行考证，如果从文字学的角度来看也很有意思。古书中的"礼"，从写法上来看，像是一个器物里边盛着两串珍贵的玉，作为祭祀的用品；随着字的不断演化，后来又加上了部首。"礼"最初和祭祀有关，祭祀是一件大事，是一种仪式。后来又衍生出"礼制"，指全社会的等级制度和伦理秩序；"礼仪"指具体的礼节仪式，包括我们今天讲的仪式；"礼貌"是指个人在待人接物时所表现出来的道德修养，如恭敬、和顺、谦让等。礼的内涵在不断分化，从制度、道理、行为等方方面面丰富起来。

图1 "礼"的写法

在《礼记·礼运》也有相关的记载。从《礼记》的表述中可以看出礼仪对于天地万物的重要性,对于人的生活起居非常重要。在古代,男子20岁行冠礼,此后才可以娶妻生子、当兵,并从此作为氏族的一个成年人,可以参加各项活动;女子15岁行笄礼,此后女子的头饰都要有相应的变化。这叫成人仪式或者成人礼。结婚、丧葬、祭祀,人生的各种大事都和仪式相关。所以在中国的古文化当中,礼非常重要。

> 是故夫礼,必本于大一,分而为天地,转而为阴阳,变而为四时,列而为鬼神,其降曰命,其官于天也。夫礼必本于天,动而之地,列而之事,变而从时,协于分艺。其居人也曰养,其行之以货力、辞让、饮食、冠昏、丧祭、射御、朝聘。
>
> ——《礼记·礼运》

在世界范围内,又是如何看待仪式的呢?仪式的英文是"ritual",作为研究性的词语出现在约19世纪,它被确认为人类经验的分类范畴。20世纪六七十年代,不同的学者对于仪式有不同的解释,仪式逐渐被各个领域学术看重、推广和研究。道格拉斯等学者认为,带来秩序的活动都是一种社会性的仪式。构建社会的稳固需要仪式,仪式让社会有秩序,有规则,让人的行动有章法。特纳指出,社会内部的冲突和矛盾是通过定期的仪式才得到遏制,中国原来讲礼乐可以治世,其实在仪式研究中也发现社会的一些小矛盾可以通过仪式来化解。比如狂欢节可以让人们把内心的焦虑、浮躁不安通过节日狂欢释放出来;比如联合国开协调会、圆桌会或者签订协议,在一定程度上化解了矛盾。特纳还指出,在一定层面上象征性仪式与社会固有的道德规范和价值观念密切联系。所以我们今天试图探讨仪式道德教育的功能和特纳的这一话语是有关的,仪式实际上暗存着很多道德规范和价值观念,通过仪式活动让所有参加者列出这些规范,植入这些价值观。德国当代教育人类学家武尔夫将仪式定义为一种表演文化,它对于宗教、政治、社会、集体经济、法律、艺术、科学、教育与教养的产生实践和变化都有密切关系。在武尔夫教授研究的教育教养的产生实践中有大量的仪式指向,我们能否在教育和教养的过程当中重新发现仪式,用仪式来对孩子进行涵养教育,这也为我们进行仪式教育打开了理论的切口。

从仪式的作用范围角度出发,可以将仪式分为六大类。第一类是通过仪式。从出生到孩童时期,再到成年、结婚、死亡,都是生命旅程阶段的变化,都有重要的仪式跟随。辛格霍夫提到,在生命的特殊时刻是有仪式的。比如中国各个地区生孩子都有不同的礼节,但不约而同都会产生庆祝的形式。添丁是大事件,所以孩子过满月、百日、周岁时,家里摆上酒席,亲朋好友前来送上祝福和红包,庆祝小孩的出生和成长。尽管小孩本身并不知道,但是一个新的生命来到世界值得纪念。孩子上幼儿园有入园仪式,上小学有入学仪式。随着时间的推移,我们上完幼儿园、小学、初中、高中,在大学毕业的时候也会举行隆重的毕业仪式,授予学位、拨穗,为十年寒窗求学之路带来一个完满的结局。第二类是就职仪式。一般发生在接受一项新的任务或者职位的时候,小到新老师的就职,大到国家元首的就职,都会有仪式的存在。第三类是与时历有关的仪式,节日让我们的生活有节奏感,让日子有期待感,如生日、纪念日、国庆等,我国有节气，西方有感恩节、复活节、圣诞节等。全世界因为各种原因都要在生活中、在时间的次序中加上纪念日。第四类是加强关系的仪式，比如聚餐、联欢、爱、性等，承载着关系的加强。第五类是反抗斗争的仪式，如和平运动、保护环境运动等。第六种是大家非常熟悉的交际仪式，如见面时的问好，分开时的再见。日常生活中的很多活动都可以归到这六类仪式中。

仪式有哪些特点呢？一般仪式都具有悠久的历史，每一项仪式都经过了很长时间的历史演变，或许形式发生了变化，但是内核没有改变。仪式具有文化性，存在于不同的民族、文化与社会之中，表现形式丰富多彩。比如婚礼，中式婚礼有拜天地，穿红衣服；西式婚礼是在教堂举行的神圣浪漫的仪式，穿白色婚纱，文化特点不一样。仪式作为一种教育资源，有教育性，仪式能够影响人。对于儿童来说，学校、家庭、社会中发生的各种仪式，都对儿童产生了潜移默化的影响。仪式具有可重复性，这是习惯养成的重要基础。比如春节，每个中国人过春节都有吃团圆饭、吃饺子、放鞭炮、贴春联、拜年、送祝福、发红包等记忆，因为几千年来每年春节都重复这么过，养成了习惯。仪式具有一定的功能和作用，有教育功能、政治功能、文化功能、社会功能，仪式一定是有用的。仪式一般是结构清晰的，程序严谨，运行流畅。仪式与游戏相比是比较死板的，每一项都严格进行，如果仪式是杂乱的，那么效果就会大打折扣。因此如果我们想做成一次仪式教育，一定要经过精心的设计，同时要认真地彩排，还要有预案。最后，仪式特别重视细节，如手势、音乐、灯光、布景等，而且很多细节有一定的象征意义。

仪式对于我们的生活、集体的构建和社会的安稳具有重要的作用。对个人来说，首先，通过仪式内在的行为模式，人们能够培养对自我能力的信任，增强个人安全感、自信心和个人认同感，比如通过工作中的仪式、餐桌仪式、问候仪式、告别仪式等产生对自我的认知，对关系的构建，对集体的归属，这对于个人来说都非常重要。其次，对集体来说，仪式对人的情感和社会性发展尤其重要。相比个人意义,集体仪式则有助于建构共同体以及增强"我们"这一认同感和归属感。而对于人与他者(人、事物、外界等)的关系,仪式在内在与外在、世俗与神圣、过去与未来、人与人、人与自然、人与意义之间创造关联与建立联系。清明节我们缅怀列祖列宗,去烈士陵园缅怀先烈,就是为了不忘却这些记忆,把过去发生的事通过仪式加强,纪念,然后传播。仪式对于个体、集体非常重要,对于人和外界的关联非常重要,在对儿童和青少年的教育和教养过程当中也发挥着潜移默化的影响。

(二)仪式教育

教育人还要关心仪式活动与青少年成长之间的关系,我们一步步从仪式走到仪式教育,让我们回到教育现场发现仪式。

幼儿园每年九月的时候都要精心布置场地,欢迎小朋友入园。对于两三岁的孩子来说,离开家进入幼儿园是一个巨大的挑战,因为孩子们有一种现象叫分离焦虑,离开了家,离开了妈妈,到了一个陌生环境,一待一天,他不知道发生了什么,他的表现就是不停地哭。幼儿园老师说他们一般要用一周甚至两周以上的时间来调整幼儿情绪,所以这种时候我们要找一个仪式,欢迎他们进入新的集体。对于小学生来说是入学,一年级孩子求学的道路从此踏上征程。我特别呼吁校长每年九月要认真组织开学典礼或者是入学仪式,比如传统的朱砂启智仪式,为孩子打造一个古香古色的非常正规的入学仪式。对少先队来说,有入队仪式,面对队旗,庄严宣誓成为一名少先队员,戴上红领巾,身上的使命感、责任感、光荣感都进一步地加强。有些学校在孩子们14岁的时候组织一次青春起步仪式,到了入团的时候,有入团仪式。到了高中,学校会组织18岁成人宣誓仪式。所以我们会发现学校里有各种各样的仪式伴随着孩子们的成长,那我们组织这些仪式到底有没有用呢? 2017年6月27日,在贵州遵义红花岗区老城小学,一名小学生因为迟到,冒雨奔到教室。当他跑到操场,听到国歌响起,他立刻面对国旗敬礼,直到国歌结束才匆匆跑回教室。我们认为平时的仪式是有教育价值的，此时没有人提醒或要求孩子，哪怕迟到了很着急，外面下着雨，他都认真地完成了国旗敬礼。因此，学校的仪式教育会影响学生的内心和他的行为。由此来看，仪式教育就是通过仪式进行教育的内外兼修的过程。有时我们做了外在的事情，似乎是恭恭敬敬的，但是内心如果没有礼的想法和思绪，这种外显的行为其实都是徒劳的辛苦。所以仪式教育内可以修性，给学生带来安全感、秩序感、归属感、神圣感；外可以修行，通过手势（姿势）、模仿、表演，外化为具体的行为，提高其分析和处理问题的能力。

通过武尔夫教授的研究，仪式分为六大类，基于教育话语，根据发生的场域可以把仪式教育分为五个大类：

第一类是家庭仪式教育。家庭被看作是儿童生命成长的"襁褓"，不同的家庭条件和家庭结构对儿童早期成长产生着不同的影响。家庭生活中存在大量的仪式，比如家庭成员的生日会，新生儿出生的庆祝活动（满月庆典、周岁庆典），亲戚朋友的结婚，甚至亲人去世的葬礼，等等，各种记载着个人成长、家庭变化的仪式活动必将在儿童的生活记忆中留下深刻的痕迹，尤其是在儿童的早期发展阶段，这些活动的影响更为重要。父母带领孩子参加这些活动，孩子会用自己的眼睛观察，耳朵聆听，亲身参与到仪式的相关环节之中，模仿习得这种特定的"实践知识"，这种实践性知识会深深地储存在儿童的内心之中，它不是书本上可以习得的，在课堂上基本也讲不到，但是在我们的生活中又非常重要，在将来合适的场合，以它具有传承性的并融入了实践者新的理解方式呈现出来。家庭仪式能给孩子带来安全感、安定感与信赖感。因为仪式是在固定时间出现的固定行为，让孩子觉得生活是有结构的，所以仪式能促进孩子自立，让孩子知道时间秩序是什么，什么时候做什么，别人在干什么，自己的事情自己做。仪式让日常生活得以预知，如周末、假期的游戏和旅游为平时单调的生活带来盼头，让孩子觉得很多东西在计划当中，降低孩子的恐惧感，给予你和孩子秩序和方向，帮助孩子克服困难，提高孩子学习力并增强专注力，借助仪式向孩子说明规则并设立底线，让孩子保持身心健康，以这种内心丰富饱满的生命能量为孩子未来的健康成长打下良好的基础。

第二类是学校仪式教育。学校仪式广泛地存在于学校的日常教育教学活动中，从表现形式上，包括升旗仪式、开学/毕业典礼、联欢会、颁奖典礼等，但是还有一些活动实际上也是小的仪式活动，比如课间操、家长会、主题班队会，中国是为数不多的规定时间到操场，站队站齐了听广播，整齐划一做操的国家。课间操里既有体育锻炼，也有一定的集体主义教育，德育的功能很大。按照最新的研究观点，甚至课间活动都可以看作是一种仪式活动，这些仪式活动对于学生成长和学校建设都发挥着重要的作用。仪式活动形式灵活，富于变化，在不知不觉中感化学生，教育学生，熏陶学生，改变学生，起到良好的教育效果。

第三类是社会仪式教育。人作为社会性生物，从其诞生，甚至在诞生之前都广泛地受到社会各方面的影响，人是不可能脱离社会而独立存在的。不同的社会制度、社会发展水平、社会关系结构等方面很大程度地影响着人们的生活方式与体验、思考和处理问题的视角与方法、存在和发展的方式与途径。在我们生活的社会中同样存在着大量的仪式活动，比如说一年一度的国庆、2008年的北京奥运会开幕式、神舟系列飞船航天员出征与返回仪式等等，这些发生在政治、体育、科技、文化等方面的仪式，对于儿童爱国主义思想的形成、集体主义思想的养成、社会关注意识的加强、个人励志教育的实现等方面都具有深远的影响。

第四类是朋辈仪式教育。朋辈，也称作同伴，是指年龄相仿的伙伴们形成的小团队、小组织。这种组织可能是同学关系，也可能是邻居关系，或者某些兴趣爱好小组、夏（冬）令营等，他们之间的影响是非常重要的，这些影响有正面的，也有负面的。伙伴们经常聚在一起，情投意合，互动交流，有组织地或者随机地进行一些群体活动，他们的很多活动是具有仪式性的，他们有一些想法是相通的，他们经常会共同玩一个游戏，共同做一些事情，他们的话语也成为一个体系。在这些群体活动中有一些具有一定秩序性、规则性的交际活动，对组织成员都会产生一定的影响。从角色关系来看，往往在这些活动中会出现具有一定权威性的角色和具有一定服从性的角色。这种仪式性活动一方面会影响组织成员的关系与成长，另一方面，也影响着整个组织的建立、维系和发展。

第五类是媒介仪式教育。媒介仪式就是广大受众通过大众传播媒介参与某个共同性的活动或者某一事项，最终形成一种象征性活动或者象征性符号的过程。现在我们每天有大量的时间在网络社交平台上，尽管是一样的平台，但是我们看到的内容可能不一样。所以有时我在一线跟老师们交流，一定要关心学生在什么样的平台，跟什么圈子的人在一起，因为这种影响非常显著，我们把它称之为媒介仪式教育从现实走向虚拟，而且现在虚拟的问题比我们想象的还要严重得多。媒介仪式包括口头媒介仪式、文字媒介仪式、电子媒介仪式。以网络为特点的新媒介的出现，使得媒介仪式更具个人化的特点。它不是单纯地把现实的仪式通过网络多媒体平台展现出来，而是依赖网络生成仪式性事件和活动。网络媒体的传播，使得人们的交流实现双向性、多向性。因为新媒体仪式可以认为是仪式的一种外延形式，所以也具有仪式的程式化、规范性、周期性、表演性、象征性等特点。

三、实践探索：仪式活动的德育内涵

对于中小学德育，尤其是小学德育来说，有德育同心圆的理念。儿童的道德教育内容涵盖儿童自我、他人、国家、世界、自然界等方面。儿童的认知从家庭的襁褓之中开始，从认识自我开始，在"我"的概念产生之后，他会发现家人、兄弟姐妹，进入幼儿园、学校会发现有别人，圈层由此扩大，变成了他人和集体，到长大之后，还有国家、社会、人类命运共同体的概念，又扩大到自然界、宇宙、地球村、太阳系、银河系、河外星系。因此德育要从孩子抓起，从自我到他人，再到集体、国家、世界、自然界，越来越大，德育要建立好不同圈层之间的关系，儿童与自我的关系、与他人的关系、与集体的关系、与社会的关系、与国家的关系、与自然的关系。这种关系构建得和谐了，我们的德育才成功，才能创造共建共荣的美美与共的状态。

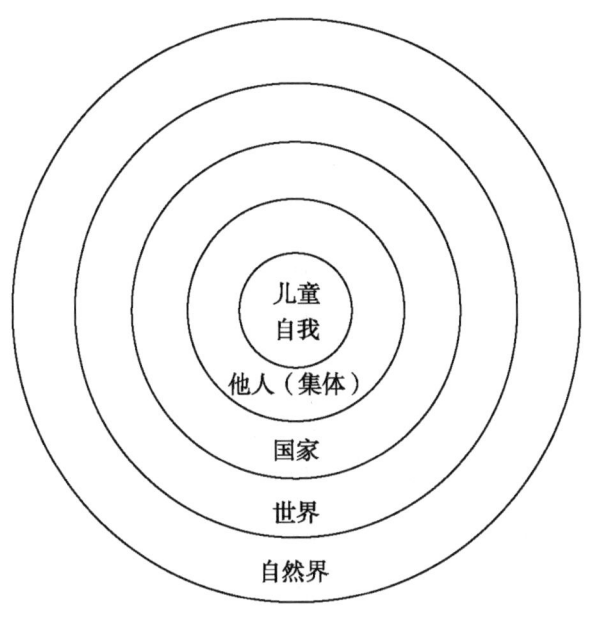

图2　德育同心圆

(一)仪式与德育的关系

仪式可以帮助孩子自我确证（生日会上家庭、小伙伴共同庆祝孩子的生日，唱生日歌，吃蛋糕，大家一块儿玩），让儿童认识集体（班队会），有助于帮助儿童树立国家的形象（升旗仪式），带领儿童放眼看世界（各国节日嘉年华），陶冶儿童形成与自然的亲近关系（植树节组织孩子们植树，劳动教育）。仪式在各种各样的活动中积极促进儿童的道德养成和圈层的关系构建。

（二）校园仪式的特殊性

第一，校园仪式目的性强。学校所有的活动都是有组织地进行的，有着自己的教育目的。第二，在学校组织的活动当中，参与人员比较集中，如老师、学生、家长等。第三，组织性强，因为有班，有少先队，有集体，组织起来很方便。第四，教育功能凸显。第五，形式多样，学校的仪式活动有六一、端午活动，有体育运动会、联欢会，有开学典礼、颁奖典礼，有升旗仪式，有上下课问好等方方面面形式丰富的活动。

（三）仪式促进儿童的道德养成

道德可以分为认知、情感、意念、行为等四个层面，但是就仪式的德育效果来看其育成作用往往更具深刻性和持久性，仪式对于道德认知的影响相对不明显，所以我们主要从行为、情感、精神（意念、灵）三个方面分析更具代表性。

首先是行为层面。儿童的发展以身体的发育为基础，行为的规范与养成教育成为品德发展的重要内容。很多仪式都是伴随着一定身体表现的，比如参加仪式时需要的装束、姿态、形体、活动等等，比如参加升旗仪式，老师一定会要求同学们穿着校服，佩戴红领巾，干净利落。除了这些要求，还要注意在不同的仪式需要不同的表情和姿态：有安静严肃的仪式，如纪念、悼念仪式活动；有欢快热烈的仪式，如开幕式、节日庆祝等。此外，仪式对于身体塑造的行为品质也有影响，比如秩序感、规则感、纪律感、谦让感，这些都可以在外在的修行中内化。

其次是情感层面。在德育中，情感教育占了很重要的方面。仪式活动的种类多样，承载和蕴含的情感也是丰富多彩的，比如教师节献花仪式蕴含的感恩之情，清明烈士墓祭扫仪式的缅怀之情等。儿童在不同仪式中获得的情感体验是丰富的，得到的情感教育也是丰富的。

最后是精神层面。对于精神层面，目前我们研究得比较少，但实际上仪式对人的心灵的影响，对人们精神的激发很值得我们去研究、实践和探索。按照有些学者的观点，精神、信仰的"教育"，不是教人（给人）精神与信仰，而是创造机缘帮助人找寻属于他自己的信仰，构建自己的精神家园。

仪式教育是知情意行的综合，不是单列的，而是综合的，可能在具体的实施过程中有所侧重，但每一个仪式活动都会打动参与者的知情意行。

（四）学校仪式教育的表现与分析

1. 儿童的模仿性学习

在教育人类学中，有一个概念叫作模仿。模仿（mimesis）是人类文化学习的基本方式，它是外部世界与内部世界沟通的桥梁。包括感知与表达两个方面。模仿是人与外界交流的通道。只有人类有丰富深刻系统的模仿，使人成为人。模仿过程（mimetic process）在文化和社会的维系和传承中发挥了重要的作用。需要指出的是，这里提到的模仿不同于简单的表现复制、模拟和再现。它是一种基于模仿者或者学习者自身特点，对于被模仿者或者模仿事物的再创造，是一种创造性的模仿。在不同的文化中，人们以模仿的方式，借助游戏交换礼物等不同的表现形式，发展了这种社会行为能力。为了能够"正确地"行为，人们就需要一种实践性知识（practical knowledge），这种感知的、身体参与的关于模仿过程知识可以通过相关的行为领域获得。而且，任何社会行为的文化特征只有通过模仿接近的方式才能具备。实践知识和社会行为在很大程度上受到历史和文化的影响。人有模仿机制，这是一种学习机制。一个人在外部世界会遇到很多新鲜的事物，我们在接触新事物时，要启动模仿机制，建立亲近感，打通通道。然后通过模仿机制把它内化成内部的图像。

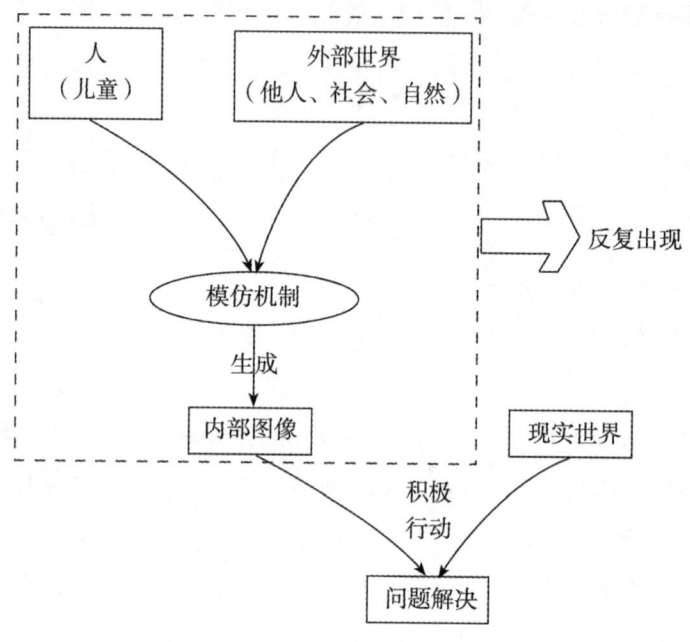

图 3 模仿的过程

2. 以身体为核心的学习

儿童的学习不仅仅是智力活动，而且还有很多身体参与的学习活动，其中以用身体参与的手势、姿势、表达或表演等活动尤为突出。

举例来说，我们的手势和语言关系特别密切，人类在早期的时候没有系统语言，都是靠手舞足蹈比画加上手势式的身体语言的表达去沟通、去交换信息。我们的身体是会说话的，是一种媒介，实际上比口头言语历史要悠久得多，而且它能表现的跨文化的东西也更多。因此手势与口头语言相配合，却有自己"独立的生命"。它们的意义是多维的，有时它们对口头语言进行补充来强调所要表达的某一方面。一个人的手势经常比口头的语言更贴近所要表达的感情，手势对于情感的表达更具可信度。

✱ 专家点评与互动交流

杨德睿教授：

今天讲的主题是人类学在学校领域的仪式教育和德育中发挥的作用。首先最基本的是我们的目光应该聚焦在哪？一个新鲜的例子就是宁夏固原中学的走百里祭先烈的仪式活动。人类学提供了仪式教育的理论基础。假设我们就是一名人类学学者，去研究仪式相关的活动，那就必须要在弄清楚构成仪式的这些活动的背景的基础上，再去了解活动安排，形成一套完善的阐释。接着要以一名新闻记者的工作状态去详细、真实地记录整合的过程，满怀期待地探索参与活动的年轻人在这个过程中做了什么，如何表现，有何收获，去反映他们在活动开始前、活动中间直到活动结束三个不同的阶段中他们的行为和意识。最后是要以老师的身份探索总结学生们在整个过程中心理状态的变化，切记要在和他们交流对话的基础上，善用观察深入体会一些细微的变化，因为观察所得的往往是学生们最自然、最真实的内心想法的外在表现。人类学很讲究参与观察，它要求我们不能只是访谈，还要将观察与访谈有机结合。访谈不能体现的学生们的真实感受，可以通过对他们行为举止的观察来弥补。人类学为仪式教育的研究方向作出了指引。很多少数民族的聚居地都有类似的仪式，例如瑶族的仪式，在16岁上中学的年纪要求他们参与一系列的活动，包括很多精彩并且丰富的仪式，学习先贤的知识。我们可以通过对比不同民族、地区甚至国家之间类似仪式在内容、形式、影响等方面的不同，去进一步研究当代中国仪式活动的差异特性。人类学致力于发现和纠正仪式教育中的误区。许多传统仪式在传习的过程中出现纰漏，以讹传讹，致使其真实意义逐渐歪曲。而在学校领域，常有课本中讲述的精神与实际仪式所传达的严重不符的现象，特别是在印度等注重传统形式的国家中，仪式所传达的讯息与学校想要教育的内容契合度低是一个常见的问题，需要我们基于人类学理论去剖析、去解决。

张志坤副教授：

　　杨老师的点评让我也有了很多新的思考。首先仪式活动对学生的影响可能是立竿见影的，同时也有需要经过时间沉淀的、深刻的、内化的影响，要体会这两种影响，尤其是那些经历持续地层层积累之后产生的影响，正如杨老师所讲的，细致的、用心的观察一定是必不可少的。其次是我觉得要让"仪式化"适度，什么都仪式化，那就失去了它本身的教育意义，只会让人越来越反感。最后我特别赞同您提出的现当代创新仪式的发言，让我在教育创新方面有了一些新思路，研究仪式教育要在尊重历史、尊重传统的基础上，打开眼界，去关注全球范围内的可类比的仪式，取其精华，弃其糟粕，推动仪式教育的进步。

齐学红教授：

　　仪式在中国的学校教育中，处在非常重要的一个地位。刚刚杨老师的提问引发了我的思考，也有很多共鸣。首先是我们可能不太容易去评估某个仪式教育是不是实现了我们作为教育者所预设的目标。所以刚刚讲到的成人礼、入队礼等究竟有没有发生作用是值得深思的。其次是张老师刚刚提供了一个对仪式和仪式教育的分类，受杨老师点评的启发，仪式对于学校教育而言的意义更多的是一种"发挥"，而在人类学的范畴里面，它恰恰应该是一种非正式的教育。刚刚讲到的一些仪式，可能本身和日常生活联系更加紧密，而我们把在人类学层面的一种广义上的学习更多地强化了，或是放在制度化学校教育当中。这样把一种隐性"课程"的道德教育显性化以后，会不会有过度的仪式化的问题？这里的度就在于，如果你过分强调了其中的道德教育，那么仪式教育就会等同于道德教育。

　　我自己也觉得讲仪式教育还是要从学生的角度出发，比如生命历程的角度。仪式有不可替代的作用，我们要探索怎么样才能把它作为人类文化传承的一种非常重要的方式看待。这可能还不是一个从上到下的制度化的设计，仪式教育过程中，孩子们内心的那种澎湃，需要我们更多地用发现的眼光，而不是用制度化的眼光去看待。仪式教育中许多非制度化的东西，才会表现出那样的一种力量。所以对今天仪式和仪式教育的分类，我在想能不能用正式教育或者非正式教育的维度来理解？

张志坤副教授：

非常感谢齐老师的建议，我今天有很多收获，因为我们整个研究的小团队的视角也有很多局限性。就像刚刚您提的这个，从人类学研究的角度，仪式作为一种文化现象，具有非常丰富的内涵，蕴藏着强大的生命力，如果把它放在学校的相对制度化的环境之下，实际上是把仪式锚定在一个很局限的框架之下。我确实也有这样的一种顾虑，仪式承载的东西很多，不应该被纯作为一种道德教育的工具，它还是应该呈现它本真的色彩。我做这方面的研究也是一个大胆的尝试，人类学的仪式研究的想法能不能被学校教育所关注和吸收？我们现在学校已有的仪式活动，有的时候太注重形式而忽视了内在的教育价值。如果内心没有感受，只是外在的表现，大家最后只会反感仪式，我想关注的是如何以现有的东西让仪式更好地发挥其本身具有的教育价值。

另外，关于仪式道德教育的研究，我也从美育的角度写了两篇文章，我觉得这个角度会对我们原来那种框架式的、死板的仪式活动而言是一种突破。其实仪式构建了很多美的东西。为什么一个好的仪式活动会让我们内心非常激动愉悦，达到一种超越普通的死板教育的形式？所以我就试着从美学的角度来分析仪式中的元素，以美化美，以美育美。我也希望老师们在规范化的基础上把仪式做美，让学生参与到有艺术品位的仪式当中去。

马雯（南京师范大学）：

仪式的外延是什么呢？刚才老师列举了很多很典型，很容易辨识出来的仪式。但是像上课前的起立，在班级里表彰念孩子名字，学生放学排队背古诗，相比大场面、长时段的仪式，这些算是日常例行化的仪式吧？所以当我们进入学校后，研究仪式的目光应该聚焦于哪里？边界在哪里？会不会有泛仪式化的倾向？

张志坤副教授：

我觉得在做研究的时候可以具体化，比如学校的大型仪式怎么做，微小的日常仪式怎么做。我们可以就微型仪式做研究，它不是一个成型的仪式，但是具备了仪式的一些功能。齐老师提到有的活动是仪式，有的活动具备仪式感，已经成型的活动仪式化，对此我们要分类进行讨论研究。大型活动要做好活动设计；上下课的微型仪式应发现其价值不能随意丢弃，抹杀其教育功能；未来可能会成为仪式的活动我们要加以认真鉴别，思考是否要将其打造成为仪式。同时，我反对所有活动都变成仪式，那样学校会变成仪式的集合。

齐学红教授：

我们谈仪式和仪式教育不能局限在学校中，刚刚张老师提到了仪式、仪式化、仪式感三个词，我们该如何把握不同的仪式教育在孩子成长过程中的作用的度呢？

张志坤副教授：

仪式是人类生活经验的或者文化活动的一种分类，借助这样的理解，仪式只能是学校教育行为和学校生活的一部分，它不能喧宾夺主掩盖其他事物，否则，学校不会成为学生的乐园。仪式在一定层面上有很强的约束性，因此，仪式在学校有市场，但是学校不能成为规训的地方，有规矩也要有学生的天性。在仪式化活动之外，保留边界感是很有必要的，要为游戏留下空间，给课程留下地位。仪式教育的"度"的问题关键在于学校教育的定位。首先，学校教育要践行教育使命，遵循教育规律。其次，要明确学校、家庭和社会各自的教育职责，同时要回归其本身的特点，不仅有规范性的存在，还要有生命的存在。

齐学红教授：

我概括了学校中的两种现象，第一种是正式仪式，比如升国旗、入学仪式。在学校教育中，正式仪式缺少仪式感，升国旗没有庄严感、敬畏感。另一种极端的现象是过度的仪式，将学生的日常行为通过口号等方式过度仪式化。现在存在的问题在于有仪式而没有仪式感，这也是我们需要改进的地方。第二种是不该仪式化的东西都变成了口号。在学校教育中，仪式和仪式教育乱象丛生，所以很需要我们做价值上的澄清，很多看似轰轰烈烈、形式唯美的仪式往往缺少意义的生成，需要在理论层面上加以研究和引领。

张志坤副教授：

在田野中，一些学校通过喊口号、编儿歌等方式帮助低年级孩子养成习惯，效果好像很好，但是它不一定符合教育规律和儿童的成长规律。我们做仪式教育是因为只有通过仪式才能实现某个特定的目标。正如我报告中提及的那样，仪式应该记录我们生活和生命中的特殊和重要的时刻，上课回答问题只是生活之中的点滴。我们还是要回归仪式本身的价值，不能泛化使用仪式。

杨德睿教授：

有一个学者研究了宗教仪式，他在印尼研究一个教派并写了一本书。他将仪式分为两种，一种是十分强调语言的仪式，另一种是用舞蹈等肢体动作推动的仪式。日常的仪式几乎都是前者。用语言推动的仪式注意力容易开小差，因此，仪式感越来越低。教派想要自我挽救，通过一些激昂的仪式活动重振仪式感，但是最后突然崩掉了。另外一个路径就是围绕民族传统仪式展开的，比如成丁礼，往往一个人一辈子就一次，环绕着大量的肢体动作，情感上的涌动，让你印象深刻，故而人们都很专注。这个故事和张老师的关联就在于仪式的美感，仪式有了美感就可以抓住大家的注意力。

【作者简介】

张志坤，德国柏林自由大学博士。首都师范大学初等教育学院副院长，副教授，硕士研究生导师，首都师范大学儿童生命与道德教育研究中心副主任。研究方向包括：教师专业发展、仪式教育、德育、少先队教育、生命教育、比较初等教育等。

长大成人：以幼儿园为田野的教育人类学探究

刘 畅

（美国亚利桑那州立大学）

【讲座提要】

中国教育人类学学会"学·思·行"系列讲座之"长大成人：以幼儿园为田野的教育人类学探究"于2022年12月24日14:00—17:00在线上举办，来自全国各地的百余名师生参加了学习与讨论。本期讲座由美国亚利桑那州立大学临床助理教授刘畅主讲，南京师范大学道德教育研究所齐学红教授主持，南京大学社会学院人类学研究所杨德睿教授点评。

本讲座以刘博士在中国上海以及美国南部的两所幼儿园开展的田野研究为基础，探讨如何通过参与式观察、影像拍摄与以视频为线索的访谈，从人类学视角来解读儿童在幼儿园的生活，分析幼儿园日常活动（如入园、广播体操、餐点、午睡等）中所承载的文化信念与社会期望。

一、研究缘起

不管是在人类学研究领域，还是在教育学研究领域，幼儿教育、儿童早期发展、儿童早期教育其实都是一个很边缘化的话题，相关核心期刊的论文成果也非常少。对于教育学研究来说，很多关注学前教育机构的研究者，他们更感兴趣的是幼儿园的教育投资能不能得到长远的回报。也有相当一部分的研究者，他们很关心通过幼儿园教育之后，儿童在认知、社会情感等方面发展的表现，还有幼儿园教育对未来生活的影响。从人类学的视角来看，关于幼儿园孩子生活体验的研究目前来说还是很少的，有很多空白需要去弥补，还有很多的空间可以去探索。

为什么（大家）对幼儿园感兴趣？其实在人类学的研究传统上，人类学家很关注一个社群中文化如何从年长的群体传递到年幼的群体。比如孩子刚生下来，看上去都是一样的小婴儿，那他为什么在很短的时间内会迅速成长为文化信念、生活方式、行为方式都迥然不同的中国人、日本人、法国人、印度尼西亚人？这对于人类学家来说是一个很经典的问题，也是值得探索的一个领域。

那我们为何如此关注幼儿园呢？其实从历史的角度来看，幼儿园在人类历史的这个漫长时期内存在时间较短，以前的孩子大多是与自己年幼或年长的孩子共同游戏或进行家庭日常劳动。从《六个文化中的孩子：一项心理文化分析》这一教育人类学经典著作中也可以看到，在不到半个世纪以前，孩子们生活在社区中，和自己的兄弟姐妹或者邻家孩子共同度过每一天。那时也并没有成人的监督，孩子们都是自主地管理自己的行为，可能年长的孩子会监督和照顾年幼的孩子，年幼的孩子也会模仿年长孩子的行为，以他们作为学习对象。这与我们当下特别是中产阶层家庭的孩子的生活方式有很大区别。

幼儿园的诞生使得儿童每天应该做什么、学什么，这个核心问题的答案发生了很大的变化，同时，通过历史的视角，我们也可以看到这一问题的答案很大程度上也受到了文化历史观念的影响。

现在的幼儿园，孩子们生活在一个以生理年龄相隔的群体里。孩子常见的活动是在没有血缘关系的成人的看管下，以认知发展、社会情感为目标有意识地去做一些技能锻炼。比如，一些玩具是为了帮助儿童学习数学领域排序的知识，或者小朋友玩的涂色卡，除了学习美术相关的概念外，其实也在考验儿童精细动作的发展能力。现在虽然也有混龄班的存在，但对于很多家长来说，他们更倾向于认为同龄的班级才是自然的。如果我们从历史的视角去看，混龄才是孩子最自然的一种生活状态。幼儿园是现代社会习以为常的一个社会机构，但从跨文化、历史的角度去思考，它其实是一种很新奇的社会机构。儿童在幼儿园应该学什么、做什么，我们期望他们在幼儿园成为什么样的人，往往不仅仅反映了当地的文化信仰，还受到随时代变化而变迁的社会与政治话语的影响和驱动。

通过文献回溯会发现，其实人类学里也有一部分人类学家是以幼儿园，以各个国家、各个社区里面形态各异的儿童学前教育机构作为他们的田野地点和研究对象。一个很统一观点就是认为幼儿园中以年龄相隔的集体化教育方式是一种非常激进的社会实验，因为按照历史的传统，儿童应该在家庭、社群里学习如何成为群体的一员。也有很多研究关注孩子在幼儿园里面如何学习以文化上的适当的方式来表达自己的情感和回应他人的情绪，包括如何形成被文化认可的自我，包括如何去学习他所处文化认可的道德原则、伦理准则等等。

总的来说，幼儿园如何去组织日常工作和实践，往往不仅反映了文化信仰，还受到了各种各样的社会话语的驱动。历史的比较也表明，幼儿园并不是一个静态的社会机构，一直传授不变的文化价值观，它必须对"不断变化的社会压力和对幼儿应该学习、做什么和成为什么的期望"做出回应。比如，将我国教育部在20世纪50年代发布的《幼儿园暂行教学纲要

(草案)》与 2016 年发布的最新的《幼儿园工作规程》中幼儿园的定位和目标做一个比较,我们会发现很多不同。

二、研究方法和理论基础

在研究过程中,我们会将两所幼儿园所剪辑的一天的流程,作为访谈的线索,与班级老师和小朋友们一同讨论里面的情景,并交流想法。这种方法叫作以视频为线索的多重声音民族志,即将短时间的素材经过精心挑选后缩短为 20—30 分钟的微电影(每种文化生活中幼儿园的一天),微电影会请所摄班级的老师看,请该所幼儿园的其他老师观看,请这个国家里其他幼儿园的幼儿教育工作者们观看,最后,请其他国家的幼儿教育工作者们观看。微电影必须符合两个原则:一是得到访谈对象的认可,认为该视频的确是幼儿园典型的一天;二是视频里的每一帧需包含一个或几个访谈的问题。当研究者从脚本中选择要剪入的影片片段时,其实他们就在思考什么样的场景能够让老师立刻谈论研究者想要他们谈论的问题,比如研究者可能特意去选择幼儿园里面比较有故事的小朋友作为片段的主角。

同时,研究者会有意加入一些对于来自其他文化社群的人来说可能会觉得奇怪的画面。这种方法之所以叫作多重声音的民族志,就是当研究者把这个视频给该国不同地区的幼儿教育同行们去看,会询问"你觉得这个幼儿园的情况符合你对该国幼儿园的认识吗"等问题,这是第二层声音。第三层声音是研究者把这个视频带到其他国家后,那么其他国家的幼儿园老师会很自然地捕捉到这个国家的同行在处理相似问题时采取的不同策略,故他们就会很自然地去开始讨论。当人们在讨论自己认为很奇怪的一些实践方式、文化理念的时候,可以投射出他们对于这个问题的内隐性的文化信念。

这种方法在邀请不同文化背景,不同工作背景,或者是共享大的国家文化但又存在地区差异的参与者来讨论同一个场景时，其实无形之中创造了一种跨越时空的对话。这就会产生丰富的声音和多层次的意义构建。这种方法最重视、最想要去了解的是文化局内人自己对这些行为的阐释。所以从研究传统来看，这种方法还是属于文化人类学的传统，符合传统的民族志研究范式。

除此之外，这种方法的一个灵感来源于一项视觉民族志研究。他们拍摄巴厘岛女巫与鬼魂谈话的状态后，与通灵者和灵媒等一同观看，让他们解释当时是怎么进入这种状态的，在进入这种状态时的感受是怎么样的，与逝者的对话是怎么发生的。我的老师与其合作者们就受到了这种方法的启发。同一时期也有研究者（George Spindler，Louise Spindler，1987）对于美国与德国学校教育的比较研究。另外还有精神动力心理学中的心理投射测试，研究者会让研究对象去描述自己所看到的画面，进而分析研究对象的个性、风格和他们最关注的问题等。俄国文学理论家、哲学家米哈尔·巴赫金也提出对话性、多声部、回应性等概念，他认为这类研究的意义可以从对话之中建构出来，每一个个体的声音都代表着一个群体的想法，他认为人们在说话的时候，都是在不停地引用别人的声音。这也启发了研究者让来自不同文化、不同地区的人，观察同样的影片来创建一个跨越时空的对话，然后从这些对话中去构建意义，如凯瑟琳（Kathryn Anderson-Levitt，2002）对于法国和美国小学语言艺术课程教学方法的比较研究。还有西北大学的一些研究者采用这种方法研究教师的专业视野，让教师通过观看自己平时的教学视频，回顾性地分析"为什么会在课堂上注意到某个学生的表现，而不是其他学生"。

我们的研究主要运用了这种方法中的一部分，田野地点是中国上海的紫竹幼儿园和美国佐治亚州的春田幼儿园，分别选了一个三到四岁的班级，并在2015年到2018年期间在两个地点分别进行了两周到一个月左右的参与式观察，一方面是为了与老师和孩子熟悉，跟他们建立一个互相信任的关系，另一方面，通过这段时间的观察来了解幼儿园一天的生活，为后面的拍摄打好基础。结束观察后，我们就开始了拍摄的过程。首先是需要让孩子和老师适应摄像机的存在，因为幼儿园小朋友的活动经常会涉及不同的空间，这就会涉及不同场景之间的切换。故在拍摄的时候为了便于后期剪辑，我们放置了两台摄像机，两三天后正式开始记录，在中国的幼儿园一共拍摄了一个星期，在美国的幼儿园拍摄了5天，从他们入园的那一刻开始记录，一直到最后一个孩子被家长接走才意味着一天正式结束。故两边都积累了上百个小时的原始素材。接着是最重要的一个步骤，将原始素材浓缩到一个可以用来做焦点小组访谈的长度，再同老师和孩子们一起观看并询问意见，会询问他们：你认为这20分钟里面是不是都包含了你们一天中重要的环节，有没有重要的场景你认为遗漏了，有没有哪个场景是你不想让其他人看到的，等等。之后，视频会经历再一轮的剪辑后成稿。与大型研究不同的是，我们的研究者中没有第二、三层的声音，研究范围仅限于两所幼儿园内，但在回看脚本的过程中，其中有价值的片段会被剪成更短的视频，与老师们等进行回溯性访谈，也使聚焦的问题变得更加具体。最后，不仅生成了两段影片，还有大量的短视频，甚至有的只是一帧画面。

三、入园

本次讲座我主要跟大家分享幼儿园中入园的环节，主要涉及两所幼儿园分别是怎么去组织这一系列的流程，怎么从时间和空间上去组织安排孩子的入园，怎么处理送孩子入园的这位家长，以及家长与孩子分别过程的瞬间是如何发生的。

从时间和空间的角度来看，我们发现这两所幼儿园对于孩子入园经历的一系列时空转换的组织方式就很不同。

美国佐治亚州的春田幼儿园在地下一层，外面有个院子。教室的门是很重的木门，家长首先需要与孩子在电脑上登记，输入门锁密码后，一同走进教室，回答门口架子上的"一天一问"（question of the day）。"一天一问"是由老师每天写上去一个问题，问题有 yes 或 no 两个答案。架子的背面贴有孩子们的照片，家长和孩子共同回答这个问题后，会根据小朋友的答案将小朋友的照片贴到对应答案的下面。从美国的幼儿园课程角度来看，"一天一问"其实是一个语言领域的小活动，孩子可以通过回答问题思考自己想要选什么，可以初步认识一些字母、单词。这其实是一个带有强烈教学色彩的活动。

入园的第二道程序是孩子要把从家带来的东西放到自己的柜子中，整理自己储物柜中的物品，并在家长的陪同下去洗手间洗手。从孩子入园的程序可以看出，幼儿园鼓励家长陪同孩子入园，并且帮助孩子来完成这一系列入园的晨间仪式。

幼儿园内部也有许多私密性的空间设计，让慢热的小孩逐渐适应进入幼儿园的过程。如在班级中间放一个小小的阁楼供孩子们安静地待一会儿，班级里还有很多软软的靠枕沙发，并允许家长根据意愿待在班级里或去到任何一个地方。

对幼儿园老师菲利普来说，很重要的一点就是，幼儿园不能像一个工厂一样——你进来坐一会儿，然后就走了。幼儿园的助教老师——克里斯蒂，在访谈中有一段表述也很有趣。她将班级中比较慢热的孩子进入幼儿园的过程比喻成进入森林的过程。"森林"在西方的寓言、童话中是一个很危险的地方。我从克里斯蒂的话语中读出了美国保守派群体对幼儿园的担忧，他们认为幼儿园对幼儿来说是一个很可怕的地方，更传统的观念认为家庭才是给孩子提供照顾的最自然的地方，母亲来照顾孩子才是最自然的安排。而把小朋友放到幼儿园这样一个由陌生人来看管，而且要与许多同龄人去共享成人关注的地方，是一件很不自然而且很不健康的事情。两位老师为了让幼儿园显得没有那么危险，他们的解决方案就是将其布置得像家一样，尽可能弱化家和幼儿园的边界。

中国幼儿园的大铁门则像一道自然的边界，将家长隔绝在外。在菲利普老师的班级里，既没有非常清晰的时间的边界，也没有空间的边界。老师会鼓励家长，如果你的孩子需要你在这里，你可以一直陪伴他。班级里面所有的空间都是对家长开放的，且有一些空间是特意为孩子和成人一对一的亲密互动而设计的。可以看出春田幼儿园从空间的社会安排上鼓励老师、家长尽可能地淡化幼儿园与家庭间的社会边界，尽可能地将幼儿园变成与家一样的地方。

在这样的社会空间中，家长是如何处理与孩子的分别的呢？通过对麦蒂与其父亲互动的视频片段的分析，可以发现这位父亲想要带领他的女儿完成完整的告别仪式的复杂性。从视频片段中也可以发现，拥抱对于孩子来说，是需要学习的一种"身体技术"，也是一种通过社会化过程习得的，带有文化和社会阶层特征的"身体惯习"。拥抱不是一个单独的身体实践，而是一个"身体间"的实践，需要拥抱的双方协商时间、距离、身体的姿势、目光等。孩子们在父母、老师的引导式参与下，通过早上入园时的日常告别拥抱，逐渐掌握了这些身体间的技巧。

其实通过不同的亲子间互动的片段我们可以发现，在美国这所幼儿园中，亲子间的分离有时很麻烦，有时是孩子表现得很黏人，有时则是家长表现得很黏人。在对菲利普和克里斯蒂两位老师进行访谈时，可以感受到他们潜在的文化假设，即从家庭到幼儿园的过渡是一个困难的任务，孩子在这个过程中的情感是十分脆弱的。"分离焦虑"是弗洛伊德很早提出的一个暂定的假设，他认为幼儿所要面临的一个主要挑战，就是要把自己跟母亲的亲密关系转移到其他人身上。后来也有很多精神分析心理学家试图用提出各种理论来描述儿童如何学习把跟家人之间的这种亲子关系转移到其他的人际关系中去。弗洛伊德、鲍尔比以及安斯沃斯的理论曾经被认为是非常激进的理论，但随着历史的发展，逐渐成为一种普遍的社会信仰。同时也变成一种"隐性文化教学法"，为幼儿园设计一日常规、制度和空间布局，以及儿童、家长和老师的思维方式、感受和行动方式提供了文化脚本。

中国上海紫竹幼儿园里的入园仪式就大有不同，幼儿园门口会有保安看守，也有家长志愿者在马路边指挥交通，家长带孩子在门口签到后，就会快速挥手分别。孩子进入幼儿园面向的首先是一个更大的社会群体，他们会向不是自己班级的老师和同学问好，随后独自去洗手、晨检，并将在晨检时拿到的牌子插到班级门口的袋子中，之后，到自己的储物柜放好书包，更换室内的鞋。他们从大门进来，穿过院子，进入大厅，最后进入教室，每个空间都代表着一定的精确的程序。孩子进入幼儿园内，就必须要学会自力更生，融入幼儿园的世界。家长和孩子双方都没有流露出很困难的分离情绪。

针对中国文化中的"分离"，一位英国的人类学家从中国传统文化的角度提出这样两个观点，用以解释为什么在中国文化里面关系越亲密的人之间的分别看上去越云淡风轻，而往往是刚刚认识的人，或者不是很熟的朋友，在互相送别的时候会更浓墨重彩一些。一是从中国传统文化角度来看，在公共场合流露出内在的感情是不合时宜的，甚至会被看作没有教养；二是中国传统文化认为，关系越亲密的双方越不需要通过浓重的仪式来表示、来传递亲密度。在中国，幼儿园相对于家庭所扮演的角色在意识形态上具有权威性，幼儿园被期望纠正家庭的错误和不足。幼儿园教师作为训练有素的专业人士，被认为比父母和祖父母更有资格照顾孩子。在过去的二十年里，教师被认为在向家长传达国家主导的、自上而下的学前教育课程改革和"科学育儿"的原则方面起着核心作用，老师作为幼儿园中的权威角色，被家长认可和尊重。而中国幼儿园的理念正是培养孩子独立入园，只有独立地去做入园这件事情才能真正地解除他们的分离焦虑。儿童需要主动适应幼儿园，明白家庭与幼儿园的分界。

在与中国幼儿园老师的谈论中，我们发现，如今关于"溺爱"的社会讨论依然存在，若家长在公众场合纵容孩子，孩子也会在幼儿园门口表现得非常黏人而不愿意进去，老师会以为家长的教育方式可能存在问题，孩子在家里是不是受到了过多的关注和溺爱。另一方面,也有一部分家长匆忙将孩子放下,没有时间关注孩子情绪,这样的行为也会受到老师的批评,认为家长缺乏教育意识,没有认识到分离对年幼的孩子来说是一个很大的挑战。从这两种担心中可以看出,家长需要在公共空间去展现自己育儿的结果,以及需要思考怎么去展现自己跟孩子的亲密关系,以达到一种平衡。

美国幼儿园老师认为家到幼儿园是需要过渡的;中国幼儿园老师则认为家到幼儿园是需要去适应的,让孩子认识到幼儿园和家的不同,并去适应这种不同对孩子的成长来说是更有意义的。在中国,以前的幼儿园只是作为寄放孩子的一个托儿所,如今它是一个教育机构,是孩子进入社会的第一步,为孩子的未来做准备。

四、思考与讨论

从理论角度看,晨间的入园可以看作从家到学校的一个社会性、物理性的过渡,是幼儿处于两个世界、两种存在方式和两种自我之间的边界时刻。幼儿一方面是家中备受关爱的孩子,另一方面也是需要独立的社会群体中的小小一员。另外,我们认为,孩子入园和家长分别的体验不一定是后于情感体验的,而是一种先于情感体验的具身体验。孩子并不是因分离焦虑而需要与家长正式告别,可能正因为在美国家庭日常生活中,充满了这种告别仪式,使实践在先,而且在这种实践中产生了分离焦虑和不安全的、依恋的情感体验,而并不是反映了一个潜在的已经提前存在的一种情感。同样,我们认为,中国幼儿园里稍年长的孩子可以很干脆地入园,并不一定是没有被宠坏,而是通过长时间反复演练独立入园的方式,使自己成为我们眼中没有被宠坏的小孩。

晨间的入园、家长与孩子的分别这种实践,其实是由许多因素所建构而成的,这里面既包括家长对于儿童发展的朴素理念,也受到社会文化传统、文化脚本、空间、时间和物体等的影响。如何正确育儿等相关的儿童发展理论也都为家长在公众场合表演亲子关系提供了一些文化脚本。

❋ 专家点评与互动交流

杨德睿教授：

首先,感谢刘博士给我们带来以影像民族志为基础,关于入园和分别的精彩示范。我觉得特别有趣的是在她的研究方法上,她先有大概的研究方向后,选择两个不同文化之中的幼儿园,然后用拍摄纪录片的方式,在处理素材的过程中慢慢进入分析的阶段。她在剪辑过程中发现了非常突出的文化差异,即在入园的那个时刻,小朋友、家长、老师们表现的不同,这种不同也与当时的空间布局是有关系的。之后,她把一些重要的片段进行还原,再与两个地方的幼儿园老师一起去回看,听他们的想法以及两者的交错评价。于是我们就得出了一些非常有趣的讨论,如美国老师会说,从家庭到幼儿园之间有一个过渡过程,而中国老师认为幼儿园是一个独立的教育机构,就是一个适应的过程。这个操作的流程方法非常扎实,每一步都非常精细,我觉得这对我们所有做教育人类学研究的人而言,都非常具有参考价值。

那为什么在美国会出现这样的想法,但是在中国就不会？包括幼儿园的空间布局方面,刘博士也提出了很多解释的路径,如传统上教育机构和老师所具有的一种权威等,我在此没有办法对任何一个阐释做出决定性判断,因为我觉得每一个都有发展的可能性。但重点在于,这些案例使得我们开始能够渐渐去思考这些解释的可能性,关于教育研究民族志的潜力就在这里,它没有立刻得出一个结论。今天的案例就表现了这点,推动我们再往更深处去发掘,形成一套我们对于当代中国文化和中国教育的看法,这也是教育的民族志研究或人类学研究的魅力所在。

当然可能有些同行会觉得有点遗憾,最后没有非常具有结论性的一些论点。但是我想，真正的人类学、真正的民族志研究最棒的地方就是它的开放性。比如紫竹幼儿园门口有穿着制服、带着盾牌的保安站在那边，而春田幼儿园外面是一扇非常重的木门，由家长帮助孩子推开，我想它们具有的象征意涵是很不一样的。所以刚刚刘博士最后一个结论就是我们各种选择的可能性、各种的阐释，最后可能有一个落脚点，然后让我们去把这些思路搜罗起来，最后把它落到上面就一定会有比较好的答案。就是你觉得经过这样的入园仪式后，会将小孩教成一种什么样的人，他们到底是具有什么样的感情或情绪特性？或者他们的认知上有什么变化情况？这都可以放在主体是一个什么样的人的框架里面去。

这里边绝对要涉及一个文化比较的问题，一个文化体系到另外一个文化体系里边去，选取案例来进行文化比较是一种最基本的秩序。刘博士今天所展现的案例也是非常清楚的，对我们证实的一点就是，这样做效果非常好。

蒋兴梅博士（南京师范大学）：

想请教刘畅老师，您在选择研究对象的时候是如何确定并成功进入研究现场的？

刘畅博士：

我在选择的时候，一开始就确定要做比较研究。比较的目的并不是要比较谁更好，找出一个更好的幼儿教育的模型或方案，而是当你去比较的时候，不管你自己是文化的内部者还是外来者，都更容易发现一些差异，去质疑自己的一些潜在的假设和偏见。对我来说最方便的就是选择了中国和美国各一所幼儿园，这应该是属于质性研究中的方便选样，因为两所幼儿园我都更熟悉一些，能够与老师等建立一个良好的关系。同时这两所幼儿园正好有许多方面具有可比性，两所都是大学附属的幼儿园，所服务的群体是中产阶层。

而在美国去做一项研究的话，你需要向你所在单位的人体研究伦理委员会去提交一份申请，我研究的美国幼儿园内部也有一个审查委员会，也需要按照要求去一步步提交申请材料。比较困难的，其实是要获得家长的知情许可，我在研究的过程中，不同孩子所获得的许可也不一样：有的是我可以用孩子的视频、照片以及真名；有的我只能用他的名字，且不能让孩子的照片出现在任何公众场合。在中国的话，可能还没有相关的研究规定，进入现场的许可显得更加随意一些，更多的是要与园长建立一个信任的关系，以方便后期研究开展。

博士生1（南京师范大学）：

在刘博士的民族志里，您觉得孩子作为主体，他们的主体性是怎么样的？如何表现的？表现出来的样子是什么？

刘畅博士：

就我今天分享的这个片段而言，我觉得很多时候，在入园分别的时刻里面，孩子并不是那个存在分离焦虑的人，更多的时候是家长存在分离焦虑，就是家长要完成这一套仪式，才能放心地把孩子交给老师。如麦蒂和爸爸的分离，其实麦蒂已经完成了进入学校的过渡，而爸爸依旧要去做一个正式的告别。后面麦蒂的噘嘴更像是在表演一种脆弱，来得到老师的关注和额外的抚慰，其实这个瞬间就恰好可以体现她的能动性，她用这种比较调皮的方式获得了比另外在场的孩子更多的关注。

中国幼儿园大多都有入园的一套非常烦琐的程序，而随着孩子年龄的增长，他们更熟悉一整套入园的流程，但在我的拍摄中，也会看到小朋友跳过中间某些环节，就直接进去了。孩子们会用自己的方式来应对这些规训，化解一些自己不喜欢的东西，他们会在规则的空隙中去展示自己的个性。把研究问题转到同伴互动，或以儿童文化为分析焦点的话，会看到更多儿童应对幼儿园一些死板规则的时候所表现出来的主观能动性。

齐学红教授：

以视频为线索的多重声音民族志在我们长期的人类学田野观察中的方法层面的独特性或贡献在哪里？以及不同于一年全程性一系列时间节点的观察，剪辑后的视频包含了研究问题，并要有故事的呈现，这对人类学的贡献，或者说意义和价值有什么不同？

刘畅博士：

齐老师问的两个问题都特别有深度，我尝试回答一下。首先我的研究里面并没有涉及那么多的声音，我之后在博后的阶段，想过要不要去做，但要重新去提交研究申请，会比较麻烦。所以我的研究里面的多重声音其实只有两层，一层是幼儿园班级的老师，包括他的同事观看自己的班级的视频，第二层是两方幼儿园互看，形成两重声音。跟大型研究不太一样，他们的研究更大、更复杂，也确实涉及好几层的声音。

我觉得这种方法跟传统的长期进入田野调查的区别在于，在数据收集的初步阶段速度会快很多，但后面的视频剪辑需要花几个月的时间去决定视频的长度和内容，之后也要穿梭在两个国家去做访谈，还要剪辑焦点更密集的短视频去做回溯性访谈。我觉得它的一个创新之处，可能就是在于研究者往往是他所选择的这两个比较对象中的一个对象的内在人士，在有一个可比较对象的时候更容易提出比较好的问题。作为中国人，我印象很深刻的场景是两所幼儿园的午睡环节，中国幼儿园孩子午睡的时候会自己脱衣服、盖被子，后面起床也是自己穿衣服，其中老师会提供不同程度的帮助；而美国幼儿园包括其他的教育机构，还有小学一年级，睡午觉都是直接在一个垫子上睡的。通过与美国幼儿园老师的访谈，我发现中国对于脏和洁净的概念与美国是有很大差异的，中国的小朋友对待被子也是很小心的，就尽量不会让被子或者说自己的衣物接触到地面，美国小朋友就不会注意这些，这种跨越时空的对话是我自己作为一个文化的内部人士才意识到的。

所以我觉得可能对于长时间在某一种文化中，进行传统田野调查的研究者来说，当你有一个比较好的比较对象，特别是这个对象会评论你拍摄的视频，然后提出他们的质疑、疑问的时候，你会更容易发现一些文化假设、内在假设的存在。

齐学红教授：

你刚才提到，这个视频是仅限于两所幼儿园的老师在看，那有没有做这方面研究：拿幼儿园真实完整的日常生活拍出来作为一个教学研究的资源？这个是不是会涉及研究伦理问题？

刘畅博士：

其实现在有很多这样的纪录片，会呈现出不同文化的学校教育、日常生活是什么样子。另外，研究者在提交研究计划的时候，要注明制作的影片以后可能会作为教学用途使用，如果批准了的话，当然是可以的。我这个研究最近还面临一个问题，就是我需要去延长使用数据的期限。在重新提交申请的时候，如果你使用数据的计划和用途有变化的话，那可以在这个阶段做一些修改，但又会涉及新的执行同意，比如说你拍摄的这个孩子成年了，按照美国那边大多数高校的人体伦理审查委员会的规定，如果你还要用到当时的数据，你还需要重新去获得孩子的许可。现在国内大多数高校都开始慢慢建立这一套程序了，但可能它的强制性没有那么强，而在美国，研究的很多环节都需要你出示许可的材料。

博士生2（南京师范大学）：

中国传统文化是非常丰富的，您在分析中国文化的时候主要是看什么样的材料？

刘畅博士：

我在分析材料的时候，一直特别小心地使用"中国文化"或者是"中国"这个词，因为首先我选择这个幼儿园，它没有办法说能够代表中国文化中的所有的幼儿园，它服务的群体、它所在的位置都是有一定的社会经济特征的。所以在解释我今天分享了两组祖辈与儿童分离的场景的时候，我也考虑了很久，是不是可以用"中国传统文化"这个词，或者说用已有的研究中提出的一些概念和解释的方式来解释爷爷奶奶和孙子孙女分离的方式？对于当代人类学家来说，"文化"这个词，我们不能把它看作是固定的一个东西，所以我在解释这两个场景的时候，只是提供了几种可能性的解释角度。

作为中国文化的内部人士，我们能够理解为什么美国人会在某些场合非常开放地去表达自己的情感,还是会有一些文化脚本在影响我们的行为。不同的分别场景还是有很多不同因素的影响,作为家长,我也深刻体会到在幼儿园门口,自己的行为是一种育儿方式的表演。所以我在尝试去对这些情境进行解释的时候,一方面会参考已有研究中的学者的一些发现,另一方面就是从我自己的访谈数据中去分析老师在解释幼儿园安排的一些考量,去追溯这些考虑背后的社会话语。比如说"溺爱"社会话语,其实在很多文献中可以找到一些记载,在我自己的访谈数据中也可以看到。老师们其实还是非常担心家长将小孩保护得太好,而使得他们心理比较脆弱。

简短来说,我的回答就是既参考已有的文献,又非常细致地去看自己的数据,包括用哪种理论去分析这些文本数据,都会影响我们从哪些角度去进行解释。

【作者简介】

刘畅,博士毕业于美国佐治亚大学教育学院,现任美国亚利桑那州立大学临床助理教授,主要关注儿童早期社会化以及学前教育机构在这一过程中发挥的作用与影响,也关注源自"全球北方"的儿童早期教育政策与实践在其他国家和地区是如何被采纳、拒绝和本土化的。刘畅博士的研究曾发表在 *Comparative Education Review*、*Anthropology & Education Quarterly*,以及 *Ethos* 等教育学和人类学期刊上;同时,她也是关注女性及教育议题的独立播客"非显著差异"的创始人之一。

儿童饮食教养的反身性思考

刘 谦

(中国人民大学)

【讲座提要】

中国教育人类学学会"学·思·行"系列讲座之"儿童饮食教养的反身性思考"于 2023 年 10 月 22 日 14:00—17:00 在线上举办,来自全国各地近百名师生参与了学习与讨论。本期讲座由中国人民大学人类学研究所的刘谦教授主讲,南京师范大学道德教育研究所齐学红教授主持,南京大学社会学院人类学研究所杨德睿教授与美国亚利桑那州立大学刘畅博士共同点评。

饮食教养是文化传递的容器,这里有世代相传的生活方式和基因设置,有当代生活的烟火图景,有成人对生活与自我的理解,更以味觉、嗅觉等具身性感知为媒介,悄然嫁接着儿童的主体性。讲座通过对北京一所中产阶级幼儿园及典型家庭的田野工作,展现儿童饮食教养所蕴含的现代性张力:严苛的自我技术、缠绕的亲密关系、试探中的外部力量、阐释性的符号系统。儿童成为现代性之网中的重要节点,文化得以传导与变异。儿童饮食教养议题可以作为一个直观的平台,引导我们对教育的核心议题进行反思:成人和教育者看似占据传授者权威地位,事实上儿童作为所谓"教育对象",是和我们共处于同一时空中的社会成员。儿童在一餐一食间终将长大成人,而成人对儿童的凝视也很难摆脱童年的影子。"教育"看似容纳于专业机构、专业技术之中,而人的成长却无处不在,一饭一食的日常生活持久而深刻地塑造着新的社会成员的认知与行动模式。教育的逻辑,不妨被视为社会成员之间相互照护的逻辑。

一、儿童饮食教养:理解文化传递的通道

(一)饮食教养的概念定位

一是饮食行为,是与食物摄取有关的活动,包括食物的选择、购买、使用频率等等,是围绕着"吃"的一系列行为。二是饮食实践,是围绕着"吃",去看饮食行为所构建的、所镶嵌的日常生活。饮食实践比饮食行为的概念更广,会受到场域、资本、惯习、策略等一系列的影响。三是饮食教养实践,更多涉及代际关于饮食实践的沟通和传递,它不仅仅指提供膳食,而且包括成年人依托日常饮食实践对儿童的自然感知、人伦认知、生命体验进行的引导。

(二)饮食行为的生物属性

城市生活的生存状态,人和饮食之间的关系通过饮食和自然之间的交换已经经历了非常多的隔膜。但是本质上来讲,饮食是把个体融入自然、连入自然的必经通道。安玛莉·摩尔(Annemarie Mol)在《吃的哲学》(*Eating in Theory*)这本书里提到"饮食暗示了一种存在的模式,身体溢出它周围的环境当中。我融入了一些在我之外的元素。我用这些东西来维持自己,我从那里获得了能量"。饮食使我们的个体从根本上和外界关联,

成为我们在自然属性上的一部分，也成为我们社会属性的一个基础。

（三）饮食实践的文化属性

尽管将对人的理解划分为自然属性和文化属性，是一种理论上抽象、分割式的提法，但是我们还是可以从饮食实践中体会到具有非常强烈的文化属性。比如，通过食物可以看到我们对于世界的分类系统，而这种分类系统，是构成我们宏观制度和社会结构规则的重要基础。此外，我们经常会用食物的馈赠来表达我们的价值观与社会互动。如孔融让梨体现人伦秩序，家里面经常做饭的人，会体现他在家庭中的结构位置和他的性别分工。这些日常现象的存在会长时间对社会成员有潜移默化的影响。所以有人类学者认为，饮食实践被视为一个国家和民族的"文化之境"，默默诉说着文化变迁与时代风貌。

（四）饮食教养的研究意义

从狭义上来讲，儿童饮食教养是关于如何去塑造儿童的进餐习惯，摄入足够营养的问题；在广义上，儿童饮食教养是关于如何通过饮食培植人性，实现文化传承的问题。

研究儿童饮食教养，可以在现实层面，回应日常生活微观层面的需求以及国家政策宏观层面的需求；可以突破营养学视角，丰富儿童喂养的学科视角；可以以饮食行为为媒介，将儿童的主体性置于前台；可以以饮食教养为整体，体现人类学的整体观在教育研究中的视角。

· 视频观看——《他乡的童年》

刘畅博士：我刚刚看《他乡的童年》（日本篇）这一段特别有感触。吃饭不管在中国、美国还是日本，都是一日活动中非常重要的部分。我的第一感触是视频中日本的幼儿园吃得特别好，营养丰富。然后我注意到藤幼儿园小朋友吃饭是混龄的，孩子吃饭的时候是比较自由的，老师对孩子没有太多指导。但是在中国，老师会一直在旁边巡视，看看有没有挑食，坐姿对不对，身体是不是离餐桌太远了，饭容易掉下去，包括在吃饭的时候手要不要扶碗。我们会发现中国的幼儿园老师在吃饭环节给孩子非常多的社会化干预，也会根据孩子的身体情况去干预他今天是不是应该多吃点蔬菜，或者这个孩子是不是应该少吃一点。老师会一直在进行这种非常微妙的调节和控制。

对于视频中的第二个片段，我比较惊讶的是至少在这所莲花幼儿园，园长会以一个比较权威的角色向家长传授关于食物的知识。我在做研究的时候发现，中国的老师跟美国的老师相比，会更倾向于扮演权威的角色，会定期跟家长宣传、传授一些我们现在的科学育儿知识。比如什么季节应该给孩子吃什么，怎么去引导孩子建立一个健康的饮食营养习惯等。这种权力关系我认为挺有趣。我没有想到，在日本园方和家长之间也会存在这样一种教育者和被教育者的关系。在美国幼儿园也有很多不同的类型，有一类叫作补偿教育的幼儿教育机构。这类机构传递给孩子关于食物、关于吃什么的信息是建立在文化缺失的假设上的。机构会假设服务的（孩子）

家庭条件比较差，父母收入比较低，或者是移民家庭的孩子，会假设这些孩子在家里受到的关于食物的教育，或者在家里接受到的食物是不营养、不健康的。这类机构就想努力去纠正他们假设的家庭里面存在的不科学、不健康的饮食习惯。

我刚刚看到这个视频就会联想到这几个国家幼儿园的孩子每天吃什么、怎么吃，以及其中所反映出的国家、幼儿园、家长三种不同主体之间非常微妙的权力关系。

刘谦教授：我觉得这种跨文化的比较特别有价值。我们看到日本这个视频的时候，也是注意到其中一个幼儿园的环境是圆形的，圆形本身蕴含着圆满和无尽的意涵。而且幼儿园期望让自然的、有一些坡度、沟沟坎坎的环境成为小朋友生活的一部分。但在北京或者说在全国幼儿园里面，孩子会受到全面的保护，我们几乎用规避风险原则来开展教育。视频中日本的幼儿园强调自然就是这样，孩子要用自己的能量去应对这些问题。这是第一点，我们认为幼儿园的环境是相对宽松的。第二点可以看到他们幼儿园的用餐环境有点像小学课桌椅的摆排方式，启发我们要去看日本不同类型的幼儿园是什么样的情况。第三点是日本非常著名的餐前启动语（餐前祈祷），这也是和国内差别很大的地方。第四点我们关注到，小朋友不仅把自己的餐具收回去，而且会跟老师一起把餐具推到厨房，小朋友在饮食中的劳动参与好像更广泛一些。

二、实证研究呈现

（一）研究实施背景

在国家社科基金重点项目的支持下，课题组去往北京、南京、杭州、四川凉山和甘肃武威调研。课题组在北京白鸽幼儿园和甘肃武威的幼儿园发放问卷，甘肃（县、乡、村）一共回收200多份问卷，北京回收227份问卷（北京只在一个中产阶级的幼儿园发放问卷）。据问卷数据可以看出北京的家长饮食知识得分明显高于甘肃地区家长；对于儿童参与跟饮食有关的家务活动的比例，北京和甘肃比例均较低，但是整体上甘肃比例更高；北京家长在饮食教养上的挫败感似乎是更强的，他们身心疲惫的感受也高于甘肃的家长。这是我们调研的背景性执行过程。

课题组主要聚焦白鸽幼儿园，考察儿童进餐秩序中的主体性是怎样表达的。白鸽幼儿园是物质条件比较好的民办幼儿园，办园质量（根据参与2020年北京市办园质量评估专家提供的数据）属于B级评估里面得分较高的（共ABC三级），小朋友家长学历非常高，基本是专业的工作人员。调研团队成员一般以教师助手和志愿者的身份每周去1—2次，对班级活动进行参与观察。

（二）研究内容

1. 概念界定

（1）秩序

进餐秩序是幼儿园进行饮食教养非常核心的一部分。"秩序"是我们社会生活中讨论的非常重要的概念。罗斯在谈到社会控制的时候，认为社会控制的本质在于维持社会秩序，社会秩序需要靠控制来实现。涂尔干的机械团结和有机团结，其实也指向社会要有自己的秩序，强调不同的人在自己的职业体系范围里面各司其职，才可以构成社会的秩序。每一个人在去践行自己的职业行为时，也能够对自己的社会属性有更自觉的道德内化和感知。所以罗斯强调社会应该有秩序，涂尔干和韦伯更多谈到秩序框架下个人所为的价值是什么，是否受到了压抑，和权威之间的关系是什么。韦伯强调制度的建立过程中一定需要权威，需要权威的同时我们的社会生活组织也会慢慢在现代社会进入理性牢笼结构力量的笼罩之下。我认为韦伯对于个人在社会秩序当中的位置是有一些悲观和压抑的色彩的。福柯认为秩序的建立是深入到我们的身体的方方面面的，是指治理（人们）所依赖的不仅是"法"，而是形式多样的"手法"，即通过什么样的手法使我们的身体不断被灌输、被规训，从而默默产生了一种权力效应。在前人那里，秩序是和社会控制、规则、国家、权威等交叠互构的，人们日常生活中的秩序没有被单独提取出来专门讨论。

本研究的"秩序"是关于某一主题的日常生活相对稳定的结构与形式。它包含了具体的活动要素、要素之间的主次关系、运行节奏及其背后的价值观，以及实现这番形式的物质基础、权威系统和仪式性实践。仪式实践不仅仅是把它理解为节庆，正如沃尔夫教授所述，日常生活反复的、具有一定模式的实践，也是一种仪式。

秩序可以表现为某一生活领域的规章制度，或者被反复实践的可能已然熟视无睹的仪轨，或者在更开放、多样的形式背后相对稳定的价值取向、评判尺度（如进餐秩序、如厕秩序、采购秩序、通勤秩序等）。日常生活中的秩序是我们体会当地文化的一个非常重要的切口。比如美国（有些州）的如厕的秩序就和我们日常理解的如厕的秩序与性别符号之间的关系是非常不同的。

日常生活的秩序是连接宏观和微观的概念层次，我们的社会运行是靠具体的秩序得到支撑的，某一个秩序一旦遭到破坏，整个社会秩序都会产生连锁反应。如饥荒时期，进餐秩序遭到破坏之后，整个社会的秩序也遭到了破坏。从微观层面讲，卷入具体、特定的秩序之中，是我们参与社会生活的必经之路，也是新的社会成员社会化的必要过程。

从教育的角度讲，正如涂尔干所言"教育本身汇聚着随时间推移而慢慢组织起来的各种仪轨和制度，它既与其他制度相契合，也表达了这些社会制度"。"我们的教育在一定程度上就是对那些还不能成熟地应付社会生活的年轻一代所施加的影响。其目的是在孩童时期为青年一代的身体、智力和道德发展创造条件，并使之在上述方面达到政治社会的统一性和以特殊方式而产生的特殊环境所提出的要求。"陈学金老师的《儿童如何融入社会？——托班日常生活与群体秩序的民族志研究》提到了用食物来建立刚入托的孩子在班级中的行动秩序。今天的讲座更多是聚焦进餐秩序。

(2) 主体性

在《教育的美丽风险》中，作者对于主体性问题给予了非常贴切的描述，即每个人以各自方式履行他自己眼中的社会角色。因为每个个体特质和需求是多样的，也正如列斐伏尔所阐述的日常生活，它本身具有丰富的层次。因此，这便允许我们每个个体的特质与日常生活的不同层面去嫁接。嫁接时的主体性是一个互动的关系，不是从某一个角度、某一个视角可以独立完成的，主体性一定是多方互动的主体间性的关系。人类学的田野工作强调多元主体之间的互动，把这样的范式嫁接在教育场域的研究当中，是教育人类学的范式之一。巴战龙老师在《迈向"新教育人类学"：教育人类学新范式的构想与假说》这篇文章中提到，目前教育人类学的研究至少是两个范式的，第一个是站在人类学的角度去解读教育的场域，第二个是站在教育学的角度来吸收人类学的视角。所以如果从主体性的角度去看教育，它也是教育人类学的一个范式。

(3) 儿童

儿童，是处于幼年阶段的人群。童年的本质是一种人生初始状态，而这样的本质并不仅仅栖息于幼小的身体。年幼的人群，虽然初入人世，但其直击本质的洞察力，却是成长的内在属性。从儿童与成人的关系上讲，在遮蔽、凸现、趋同中显现的关联方式，呼唤人们进一步确知当下儿童的主体地位。儿童研究方法上，也从"认识取向"转向"理解取向"。

2. 研究问题

(1) 白鸽幼儿园儿童进餐秩序的要素和特点有哪些？

(2) 在引介儿童进入进餐秩序的过程中，多元主体性的交织形态是怎样的？

在相当程度上，观察和理解儿童是怎样被成人引入现有进餐秩序之中的，可以被视为广泛意义上社会秩序交流与传承的隐喻。

3. 田野资料的呈现

(1) 显性秩序——食谱

食谱，是儿童进餐显性秩序的体现。白鸽幼儿园的食谱一方面会用文字突出食物的色香味，如碎金米饭（大米饭和小米饭）；另一方面也体现了对儿童特殊餐的关注，如对于海鲜过敏儿童会将虾仁替换掉等等。食谱是由成人制作，追求营养的同时也关注儿童身体的感受与家长在读这份菜单的时候的想象。虽然是标准化的食谱，但可以容纳不同儿童的需求。儿童的饮食习惯和其家庭之间有密切关联。如果幼儿园是相对统一化和封闭式的食物供给方式，那儿童正是处在幼儿园相对封闭的饮食供给和家庭相对开放的饮食供给之间的一种状态。

（2）案例呈现

［案例1］进餐流程——"小诡计"里的观察

晚饭时不喜欢吃青菜的琪琪偷偷观察教师的位置，主动制造教师的视觉盲区，利用教师注意力的疏漏，把不吃青菜和不让老师发现不吃青菜两件事做了细分，把青菜遮挡起来刮到盛食物残渣的盆里。他实际上对不同的角色在权力中的位置进行了判断。我们经常会说教师是组织权威、个人魅力权威和传统赋予权威的综合体，但教师作为维护秩序的权威角色与血肉之躯局限性的叠加，总会形成秩序漏洞；儿童在学习既倾听自己的需要，又服从公共的规则。他们对公共规则进行反身性思考，在识别自身位置和资源的基础上，裁剪着公共规则，找准时机，创造贴合个体需求的行动方式。

［案例2］进食内容——迟疑中的乖顺

上一个琪琪的案例，我们看到偏移组织的要求是一种主体性。但实际上即使是在这个秩序的规则之内，我们也依然在发挥我们的主体性。像芊芊小朋友，看着切开的苹果有些害怕，体现了这个年龄段儿童的前运算思维的特征，她的分类系统和我们成人的分类系统不一样。所以她可以在瞬间把植物、动物和昆虫联系在一起去思考。她非常小心地表达自己的感受，意味着她实际上知道自己在这个阶段被赋予的期望是什么，即大家都在吃，那我要不要吃呢？她不方便大声地表达自己的不喜欢，这个时候成人给予了细心的回应。"教育只有在交流和解释的脆弱连接处获得预期效果。"这样的细微感受恰恰是需要成人给予连接的地方,最后小朋友自己抉择只吃了苹果上的其他地方,这是她对她自己和进餐秩序关系的最终裁夺。我们把芊芊作为一个循规者的例子,循规者依然有自己的裁夺。

[案例3] 食量控制——同伴间的相通

大力在吃完自己的蛋糕后还想再吃,教师依据大力妈妈的嘱咐,没有让大力再吃蛋糕。助理教师安慰大力:"吃多了会不吸收。"但大力追问"什么是'不吸收'",当时助理教师努力解释也不知道解释得对不对,坐在旁边的小丁接了一句"就该拉稀了",大力就没有继续追问。从这个例子我们可以看到,家长虽然不在场,但是家长对于孩子所在幼儿园这种严密的机构里的饮食秩序是有明显影响力的。这也提示我们对秩序的生成需要拓展时间轴上的理解。在大力妈妈的理解当中,幼儿园的饮食不太健康。我们要去理解家长为什么会影响幼儿园的进餐秩序。保育老师很忙碌,可能没有时间去揣测小朋友为什么会想"我妈不让我吃"这件事,保育老师分工的秩序是嵌套在儿童的进餐秩序当中的。成人的思维有时对儿童来说是靠不住的,小丁的解释是同伴之间真诚的响应,同伴之间的相通嫁接了生硬的存在隔阂的秩序要求。

[案例4] 进餐速度——快慢中的无措

从佳宝的案例可以看到,具身性的习惯一旦形成就有非常强大的惯性。这一方面体现了秩序对身体的渗透与控制,另一方面体现了家庭进餐秩序和幼儿园进餐秩序的交叠互动。老师对进餐速度的关注其本质指向呛咳"风险"而非速度本身。这一潜在风险,触及到这一秩序要素的边界。教师所归属的幼儿园,对风险边界的解读,折射了幼儿园的组织逻辑:保护儿童、规避一切风险。快慢是表达一组实践要素关系的重要维度,却是一个抽象而相对的概念,需要成人根据儿童认知状况将抽象的"快、慢"进行转换,并与秩序要求给以连接。组织秩序如果要得到推行,必须把抽象的概念进行一个具象化的对接,才可以完成符号性的对接和转移。到案例记录结束，佳宝依然不能明了被期待的标准是什么，更不知道如何贴近这样的标准。

[案例5] 一口"腰碎炒双花"引发的动荡

宗教原因的禁食鲜明地体现了当地文化的分类系统和教义背书，儿童食物的过敏则成为当代儿童饮食秩序中的禁食图腾，二者间的不同在于后者用医学的专业术语作为背书。大班的文生对坚果过敏，周四时他吃了一口"腰碎炒双花"，向老师报告后就不再吃。午休时文生说自己肚子疼，保健医生看过后没给出明确诊断，后来老师联系家长提前接回。周五，文生的家长因文生在幼儿园吃了坚果，老师没有及时告知而向幼儿园投诉，并提及4月文生"因园中其他小朋友感染甲流"，自己在家照顾导致工资减少。文生家长因此希望幼儿园退还4月时文生没上学的保育费，今后也给文生按天收费。幼儿园没有同意家长按天收费的要求，但是退了部分保育费，并从班级的三位老师和保健医生的绩效工资里面扣除。这件事情之后，一方面是后续幼儿园菜谱得到修正，对食材细节陈述更为清晰；另一方面是对文生在园管理格外小心翼翼。

文生的案例体现了进餐秩序的外溢。食物过敏使进食医学化这个话题在进餐秩序中扮演了技术理性和技术管控的重要角色，另外，在进餐秩序的阐释链中，儿童的言说产生了巨大空间。按照国际疼痛协会关于"疼痛"的定义，其核心是疼痛是一种"不愉快的体验"。这为所有疼痛的表述提供了巨大的主观感受空间。文生家长用消费主义的方式对进餐秩序的利用使得秩序本身被异化。秩序是为了确保小朋友得到健康的食物，健康地生长，但是家长利用的结果是孩子在幼儿园里得不到有效的引导。从园所的处理可以看到组织理性，对进餐秩序的切分式管控。

（3）案例小结

幼儿园的这几个案例，表面上看来是成人把持着食物给予的权利，实际上儿童却以独特的方式探索和选择属于自己的食物，从而与成人一起沿袭和构建着当下的进餐秩序。进食这样一个具有强烈生理需要的行为，它细分为进食的内容、分量、速度、用餐的用具、形式等因素，实际上这些细分的要素构成了我们当下的饮食秩序，并且反映了时代的风貌。我们可以看到现代组织的理性压力，还有包括医学在内的技术至上的风格。所有的秩序都是有一定弹性的，它为人们的主体性的发掘提供了无所不在的空间。但是主体性的发挥一旦突破该要素生理和文化的边界，它的风险可能带来秩序的崩溃、调整或重组。新的社会成员不断被引入现有的进餐秩序，在这个过程当中，无论是相对的遵从，还是小小轨迹中的僭越，甚至以儿童的表述来搅动整个秩序，儿童都是以身心投入的方式全面地介入并且受到了影响，因此它会成为新的社会成员进入更广泛、更抽象的社会秩序的非常生动的训练场。

最后，再补充两个描述儿童在家中进餐秩序的案例。这两个案例像光谱的两端。一端是小钥家的进餐秩序和幼儿园作为专业幼教机构的进餐秩序非常接近，另一端是小涓家，在家的进餐秩序和在幼儿园大相径庭。前者，小钥妈妈将一路成长、在京打拼的"自我技术"延伸到家中饮食秩序的督导与监控，以追求效率；后者，小涓妈妈大多数情况下在京独自带娃，自己不会做饭，平日非常依赖幼儿园的饮食供给，但在疫情冲击下，不得不在家为孩子提供餐食，从饮食内容、食量、礼仪等方面，很难和幼儿园进餐秩序形成衔接。

如果说幼儿园作为专业的机构，它的进餐秩序是显性完整的，那么家庭作为初级的组织，它的进餐秩序则直接与个体的需求和特质相连，从而使家庭中的进餐秩序显得更为灵动和开放。即便如此，我们还是可以从中看到这个时代的风貌，作为童年状态的本能得到更多释放，嗅觉、味觉、对成年人的天然的信赖，往往成为触动进餐秩序的直接力量，成人则将自己的童年和未来的追求投射于当下的进餐秩序。

三、儿童饮食教养反身性路径

（一）什么是"反身性"

"反身性"是人有一种把行动过程作为行动自身的一部分加以考察的能力，或者说是对行动自身的反思。这种反思不因为年龄而受到限制，我们反思的内容可能不一样，但是具有反思的这种属性是不分年龄的，这和我们作为一个人的局限性和脆弱性相关。只要我们生而为人，这样的脆弱性和局限性无论什么年龄都会有。

（二）"反身性"的哲学内涵

这样的反身性，是具有哲学依据的：一是逻辑的不自洽，明明南辕北辙的事情，无论是成人还是儿童，经常会出现。二是二元论基础上的实践反思，指的是物质和精神、身体和心灵这个基础上的实践的反思，我们很难去得到一个融洽的解释，我们没有办法让我们的身心、精神和心灵得到一个完美的统合，这样的反思恰恰是因为它总是有缺陷的，所以我们不断这么做。三是个人反思的层面永远达不到普遍的真理。恰恰是因为这些缺陷，这三个"不可能"使我们的反思成为人性的一部分。所以我们说儿童也具有他自己的反身性，我们在这些例子当中都可以得到验证。

（三）儿童饮食教养反身性路径

儿童饮食教养的反身性路径总结起来，可以从三个方面来说。第一个方面是儿童和成人的辩证的关系，我们共享着现有的秩序，这一套进食的秩序并不会因为我们是成人或我们是儿童而有本质上的区别。我们生活在共享的日常生活当中，成人的主体性和儿童的主体性一定是相生相伴的。第二个方面是教育的逻辑和照护的逻辑，有一本书叫《照护的逻辑》，它是用医生和病人的互动为例子来讲的。真正的照顾不是单向的干预反馈的过程，而是延展干预的时间轴，也就是说去看未来和过去。对于教育来讲，教育的逻辑也需要延展时间轴，往后看，看到教育者和教育者自身的生活经历长期以来的影响是什么。往前看，就像日本的园长说跳出现在喂养孩子的阶段，而去延展在他20岁的时候，希望他是什么样的状态，从那个角度再去看我现在的喂养情况，去理解当下的饮食秩序。只有真诚的在场，才是一个主体间性充分激发的相伴相生的过程。还有共担风险，在教育的逻辑当中，家长、孩子和教育组织都是一个共同在承担风险，共同去面对风险的联合群体，而不是规避、转移和摆脱风险的关系。第三个方面是看到专业的教育机构和家庭教育之间的关联，从家庭的饮食秩序和幼儿园的饮食秩序当中看到小朋友作为一个全人应该在怎样的接洽之下更好地去给予关照，这是我们反身性的促进的总结。

✤ 专家点评与互动交流

刘畅博士：

刘老师的研究项目很大，不仅有质性的田野，幼儿园与家庭的观察，也有跨地区的，武威、北京、南京、凉山、杭州，既考虑到了阶层，也考虑到了地区和民族文化多样性的大规模的调查。量化的部分，刘老师讲得很简洁，但里面也有一些很有趣的发现，比如甘肃、北京两地儿童参与饮食相关家务的比例的区别。刘老师通过人类学为我们很细致地呈现了她和她的学生们在幼儿园观察儿童进餐的场景，我觉得这是一个数据非常丰富，理论支撑非常扎实的跨学科的研究。我最感兴趣的案例是小朋友吃坚果过敏，刘老师提到现在过敏是当代饮食秩序中的禁食图腾，体现了家庭和幼儿园进餐秩序的交叠互动。我想提一个问题，项目中也有很多对家长、家庭的观察，您有没有考虑过从家长和孩子的角度去看这个过敏事件？

刘谦教授：

北京的中产阶级基本上很难介入，我特别想跟文生的家长沟通，但半年里我一直约不上他妈妈。我们的素材里只有他妈妈来幼儿园参加活动时的一些观察和简单的对话，但无关过敏这个案例，这是非常遗憾的。还有关于家庭的研究，我们也非常希望能有更多的机会进入更多的家庭，但是很难。

刘畅博士：

能够想象这个研究涉及的方方面面特别多。这个研究还涉及人类学其他的学科，比如医学知识在当代家长包括幼儿园的这一套幼儿话语中所扮演的角色。家长因为孩子出现过敏症状带他去检测，医院做了很多食物过敏性的 IGE、IGG 测试，孩子的阳性可能是可以吃这个东西的假阳性，但是家长尤其是中产阶层的家长，特别容易受这套话语的管理。不知道您在研究中有没有关注到医学话语本身的冲突和矛盾？

刘谦教授：

我请教过营养学家，文献里显示中国城市孩子的过敏比例高于农村，这是为什么，从营养学和健康的角度怎么解释？但目前没有得到明确的答案。另外，假如这个孩子的过敏原有二十种，能够检测出来的是几百种，几百种食物有可能包括这二十种，也有可能并没有囊括。所以医学上怎样去界定是一套话语，家长如何解读和建构这套话语也很重要。

杨德睿教授：

横跨本次讲座中的案例，不论是文生坚果过敏的案例，佳宝进餐速度的案例，还是小涓家进餐秩序的案例，幼儿园里的吃饭变成一个很关键的场域和窗口。通过这个窗口，我们可以看到小孩的家庭教育，特别是家庭里吃饭的教育是如何非常强势地影响幼儿园的；看到孩子家庭背后的紧张，这种紧张压力可能跟整个北京以及北京这些父母身在何处、他们的个性紧密相关，最后全部反映在孩子的吃饭上。"吃"全面地反映了这个家庭关于小孩的一切焦虑。与其提反身性，不如说小孩子变成大人用来反映他们所有焦虑的一个象征，这事实上是他们自己的教育。今天案例中的这些孩子，他们各种奇奇怪怪的现象，几乎反映的都是家长在家庭里面的自我焦虑，我觉得有点悲伤。但今天的案例非常漂亮地给我们展示研究孩子吃饭，特别是在幼儿园吃饭，是非常好的像探照灯一样的东西。这显现出人类学的精彩之处，见微知著，从这么一个小地方进去以后，你可以看到很大的场景，很深的东西。

齐学红教授：

我之前带博士生做关于童年和童年的记忆的研究，如果直接进入中产阶级的幼儿园和家庭比较困难，因此考虑请一些中产阶级的家长，以一种童年或者家庭生活自述的方式进行分享。因为他们也会写家庭里的事情，比如夫妻来自完全不同的家庭背景，他们在教养孩子尤其是在孩子饮食方面，夫妻之间、隔代之间其实是有很多矛盾冲突的。幼儿园有家园互动，可以组织家长沙龙，共述育儿故事，讲他们经历的矛盾冲突，这样可能不会有你去窥探家长的隐私，去研究他的感觉。家庭毕竟是一个比较私密的空间，如果研究者介入，家长讲的可能是理想的状态，但是家长之间分享交流的时候可能会更加敞开。我们讲局外人和局内人，这个也是一个视角。

刘谦教授：

是的，这特别好，还可以促进幼儿园和家庭的共育，提出家长自己的反思。

任方芳博士（南京师范大学）：

请问老师，您和您的团队选择白鸽幼儿园作为田野的考量是什么？以及如何在田野中把握异质群体基于对"儿童主体性"的理解进行的饮食教养实践？以我个人见习经验来讲，和义务教育阶段相区别，幼儿园本身在整体秩序上有一定的自主空间，在同样级别幼儿园（经济发达地区的省级示范公办/民办幼儿园）中，部分进餐秩序存在差异，比如一些幼儿园让孩子分工组织分餐，甚至自己把握食物摄入量（一定的自主空间），进餐时间也相对更自由，但另一些同样层级的幼儿园会比较高控。同时，一些低等级的幼儿园则相对更普遍地高控孩子的饮食行为。

刘谦教授：

当时选择白鸽幼儿园有一些契机：第一，它是非常典型的中产阶级的幼儿园；第二，我们不是师范院校，没有实习的基地，所以向我们研究者长期开放的幼儿园不是特别多，而白鸽幼儿园作为一个组织愿意向我们开放。所以当时出于各种机缘，我们选择了白鸽幼儿园。你说的每一个幼儿园的进餐秩序是不一样的，是的，包括我们去看全国的情况差别很大。但是我想从主体性反思、儿童的主体性策略这个角度来讲，在不同的场景下它的表现形式是不一样的，但是主体性的策略可能会有异曲同工的效果。

蒋兴梅博士（南京师范大学）：

您研究对象选择了北京、甘肃武威、南京、杭州和四川凉山，想请教您在选择研究对象时是如何考虑的？以及是通过何种方式进入和退出研究现场的？

刘谦教授：

我们的研究目前还在初步阶段，做田野比较深的应该是北京的两个幼儿园，白鸽幼儿园和在北京郊区的一个村办幼儿园。这两个幼儿园社会阶层的差异非常明显。同是在北京，两个幼儿园之间的可比性也许是更强的，这是选择北京的考虑。像外地的甘肃、南京这些幼儿园，我们当时更多按照行政级别和片区来选，县、乡、村级别，华东、华北、华南、东北等等。目前来讲，我们在京外的幼儿园做定性研究做得不够深入。因为每一个地方对幼儿园性质的概括、分类都不太一样，所以在京外可能更多用定量的方式，在京内我们统一用行政级别和全国的片区来分。

"何种方式进入现场和退出现场？"在京外更多的是定量研究，相对更多的要依托当地政府的资源来发问卷，也会有一些座谈和感性的认识。定性研究进入的时候，我们先是要做好备案和伦理的审查，因为我们没有幼教资格证，身份基本上都是班级的志愿者和班级老师的助手，我们也会尽量跟家长在接送孩子的时候进行联系。由于幼儿园作为一个组织，每一个幼儿园组织的运行方式，权力的结构以及权力结构中关键的人物都不一样，所以不太好讲统一的模式，但是基本的原则就是在我们主观的和能够预料的范围里面，不给社区的人们带来更多的麻烦。我们主要搭载园所运行的基本的过程，再做一些访谈。退出的话，像我们跟白鸽幼儿园的家长保持着长期的联系，逢年过节也都会相互问候，就是慢慢地退出。

听众：

请问案例中的饮食教养是如何体现的？和饮食生活之间怎么区分？

刘谦教授：

饮食教养简单地说是通过饮食来塑造人性，就吃什么东西这件事情，饮食的摄入是饮食教养的一部分。饮食生活，我们宁可说是日常生活吧，日常生活是饮食摄入的一个基底，它也是从不同的角度来支撑饮食摄入的活动。饮食教养更多是说在日常生活当中以饮食为主题的活动，作为研究者也好，教育者也好，我们应思考怎样更有意识地利用这样的饮食活动达成教养的目的。

齐学红教授：

今天的主题叫儿童饮食教养的反身性路径，那我们说儿童的饮食生活，里面会不会有儿童主位的视角？"饮食教养通过饮食来塑造人性"，这个本身就是成人立场的一个表达。尤其是你选的案例，白鸽幼儿园是民办幼儿园，家长又是中产阶级，包括你刚刚讲的秩序、主体性，其实是带有很强的成人世界对儿童的规训。我们研究饮食教养有没有年龄阶段的差异？同样研究饮食这件事，你研究幼儿的饮食跟研究中小学生，包括大学生，可能反而可以串联起一个不同的成长阶段。但是所谓的儿童的饮食教养就是成人世界如何通过饮食对儿童进行规训或者"惩罚"，所以这里如果用文化主位和客位的视角，应该怎么去研究？

刚刚杨老师讲的我也很认同，真的会感觉到儿童的一种悲哀，从幼儿园开始他的一言一行，一举一动，尤其是在饮食方面，不是被家长规训，就是被幼儿园老师规训，而且这两种力量之间可能还有矛盾和冲突。你这里讲儿童饮食教养的反身性路径，我觉得可能很重要的就是缺失了儿童。

如果做学前或者幼儿的研究，儿童无法言说，无法进行自我的设计，我们怎样把儿童的主体性显现出来，这也是现在儿童哲学里面特别关注的儿童主体性的问题。

刘谦教授：

我们再想一想怎样在中国的语言词汇里体现双方的平等。还有我们研究的笔记里可以看到，儿童的言说非常少，老师、家长的言说非常多。儿童不用言语来表达，所以我们当时有一篇文章主题就是关于怎样阐释儿童，这样理解他对不对，所谓的对和不对又怎么判断。这确实也是儿童研究的一个总在不断讨论的问题。

【作者简介】

刘谦，中国人民大学人类学研究所教授、博导。中国人类学民族学研究会常务理事、副秘书长。主要研究兴趣为教育人类学、医学人类学、田野工作方法论，主持国家社科基金重点项目、北京市社科基金等数项，获多项省部级科研成果奖励。

跨文化比较与对话

中国和英国儿童发展与教育的比较视角

安妮·卡雅努斯

(芬兰赫尔辛基大学)

【讲座提要】

中国教育人类学学会"学·思·行"系列讲座之"中国和英国儿童发展与教育的比较视角"于2024年6月23日14:00—17:00在线上举办,来自全国各地的师生参与了讲座与讨论。本期讲座由芬兰赫尔辛基大学人类学副教授安妮·卡雅努斯主讲,南京师范大学道德教育研究所齐学红教授主持,南京大学社会学院人类学研究所杨德睿教授点评。

安妮·卡雅努斯副教授从事中国教育研究近30年,起初研究学生为接受高等教育而进行的迁移,后来转向小学教育和儿童发展。最近开展了中国和英国的跨文化比较研究,重点关注儿童发展研究。在讲座中,她总结在中国研究中关于儿童合作技能发展、竞争动机和公平规范的主要发现;讨论在中国和英国进行的比较项目,研究儿童对等级和社会地位的理解。研究发现,两国儿童都认识到两种类型的高地位:基于支配的和基于声望的。随着年龄的增长,儿童对高地位个体在冲突情境中行为的期望越来越不同,并受到文化价值观的影响。

今天我将讨论一个在中国和英国进行比较的项目——研究儿童对等级和社会地位的理解。在南京的研究结束以后，我继续在伦敦的一所小学做研究。这所小学位于混合住户的社群中，学校在种族、民族方面具有高度多样性，学生多来自工薪阶层和中产阶层家庭。在为期一年的田野点参与调查过程中，我作为家长和研究员参与到学校社群中，花了5个月的时间与一个班级中28位7—9岁的孩子们在一起，并对课堂、玩耍等进行每日的参与观察；也参加了学校的旅行和其他特殊活动；了解了许多孩子的家庭，并对学校领导、教师、助教、家长进行了访谈。

在伦敦南部这所小学的玩耍时间，第一批孩子从学校大楼里排队出来，几分钟内，两场足球比赛就开始了。球员们跑到球场上，找到自己的位置，然后用最少的交流决定双方的队伍。两队分别由利奥（Leo）和詹姆斯（James）领导，他们是学校里最好的两名球员。这是一场为四年级的孩子和顶级球员准备的精英赛。在第二个球场上，另一场比赛已经开始了。这场比赛是为更小的孩子们准备的，大多数是三年级的，也包括一些技巧薄弱的大一些的孩子。这并不是说在精英比赛中不能容忍技巧不好的孩子，任何有勇气的人都可以直接跑到球场上，问旁边的人他们的对手是谁，然后开始比赛。他们的加入通常不被注意到，更不用说遭到抗议了。

今天我站在两个球场之间，注意力被分散了。我本打算观察利奥和詹姆斯在比赛中是如何以非常微妙的方式展现他们的领导力的，但是我在另外一个球场上发现了其他有趣的事情。

沙内尔（Shaneil）——一位站在守门员位置的女生，与利奥、詹姆斯一样，均是四年级的学生，但我很少在足球场上看到她。现在她正站在三年级比赛的球门前，大声向球员们指挥和发号施令。比赛经常因为有人试图反对沙内尔抢球或推搡对方球员而中断。当詹姆斯在精英赛中进球时，我分心了，但当我再次环顾四周时，我惊讶地发现沙内尔已经离开了三年级的比赛，并在精英赛的球门前占据了一个位置。比赛继续进行，沙内尔大喊着，试图更多地参与到游戏中来。过了一会儿，她成功地控制了球。其他球员都在恼火，犹豫是否要接近她。在体育课上，我多次观察到类似的场景，经常以老师的干预或轻微的身体冲突结束。但这不是体育课，当我看到利奥跑过来的时候，我怀着极大的兴趣观察冲突是如何展开的。

利奥毫不犹豫地与沙内尔"交战"，沙内尔大喊"你在干什么"，并试图用胳膊推他。沙内尔看起来很生气，听起来也很愤怒，而利奥则保持中立，对她的眼神接触、大喊大叫或推搡都不做任何反应。利奥技术出众，不费吹灰之力就抢到了球，并且毫不费力地把球带到了球场的另一端，沙内尔也冲向那里。毕竟他们是一个队的。利奥的干预明显缺乏挑衅性，他从未与对方有过眼神接触，也从未说过一句话。沙内尔站在后面，咕哝着"加油"，但转身走回球门，并在那里度过了比赛剩下的几分钟。

利奥和沙内尔都是同龄人中社会地位较高的孩子，其他孩子也会跟随他们的领导。但是，两人在社会权力的运作方式上却有很大的不同。利奥依赖亲社会策略、技能至上和回避，而沙内尔则经常试图采用语言和身体恐吓等更具胁迫性的策略。这与约瑟夫·亨里希（Joseph Henrich）和弗朗西斯科·吉尔-怀特（Francisco Gil-White）提出的社会地位过程中基于声望和基于支配地位的区分是一致的，我将其作为研究人际等级制度的分析框架。我主张对社会和道德发展采取一种超越基于学科界限的立场的方法，并同时涉及儿童发展的社会文化和认知方面。

亨里希和吉尔-怀特认为，人类和其他灵长类动物一样，可以通过使用身体或其他胁迫手段来获得很高的地位。这种地位建立在恐惧之上。但人类也可以通过在特定的文化历史环境中被视为成功人士而获得崇高地位。如何定义成功，部分与该环境所要求和看重的技能有关（如在伦敦南部的学校踢足球），但由于人类有强烈的模仿他人的倾向，与技能没有直接关系的行为和举止方面（如穿某个品牌的鞋子或每天在午餐盒里放一块巧克力）也会与成功联系在一起。总而言之，以支配为基础的地位是建立在身体力量和其他胁迫手段之上的，它们会引起地位较低者的恐惧和回避。相反，以威望为基础的地位则建立在人们所认同的技能和成功之上。它们会对他人产生影响，并引起他人的积极参与（复制、学习、尊重）。一个有很高声望的人也必须是一个自愿树立榜样的人。亨里希从对小规模社会的经典人类学研究中获得证据，表明声望通常与技能和知识有关，但也与个人品质有关。有声望的人通常是慷慨和友好的，而不是具有攻击性或不稳定的。

关于威望和支配地位的过程，我想指出的第一点是，声望和支配过程发生在归属地位系统的背景下，因为它们与亲属关系、年龄、性别、制度地位等的不同等级相交叉。因此，将等级关系描述为根植于声望或支配地位有时并不恰当。

在中国，榜样地位常常被成人赋予儿童，在大多数孩子是独生子女的情况下，父母往往会找一个年长的孩子，通常是堂（表）兄妹，来充当孩子的导师。这种关系中，年幼的一方经常被拿来与模范儿童比较；年长的一方则不得不忍受年幼的被指导者。在某种程度上，基于威望的地位反映着这种关系，但当这种地位是被赋予的，而不是直接从所谓的"客户"那里获得时，榜样的教导意愿和以身作则就变得有些无关紧要了，这被认为是威望的核心标志。这种关系受到支配过程（即父母的强制力）的影响，但又超越了支配过程。

另一点需要强调的是，声望和支配地位并不是个体所拥有的品质，而是个体之间的过程。一个人可以在某种情况下占支配地位，也可以在另一种情况下具有威望。足球场事件发生几天后，我带着孩子们去参加我女儿班上阿拉（Alaa）的生日派对。阿拉的母亲还有一个大女儿和沙内尔同班，今天晚上沙内尔和她们住在一起，因为她的母亲要上晚班。当我们都挤进前厅时，阿拉的朋友们——六名年龄在5—6岁的孩子有点不知所措。两个年长的女孩——阿拉的姐姐和沙内尔负责控制局面，并组织小伙伴们分成小组进行舞蹈比赛。沙内尔开始组织这项游戏，但随着她不断引入越来越复杂的规则，并试图让每个人都坐着不动，没过多久孩子们就分心了。沙内尔试图用强有力的语气让他们参与到游戏中来，但没有人能阻止游戏的解散。

阿拉的姐姐放弃了动员年幼的孩子们的努力，但沙内尔并没有那么轻易地放弃。过了一会儿，她拿出为派对买的"给小毛驴贴尾巴"的游戏，并把海报贴在门上。很快，她又重新掌控了小孩子们。沙内尔第二次尝试领导显然更加成功。尽管有的孩子在等待的时候离开队伍去做别的事情，但沙内尔现在采取了一种截然不同的方法，她并没有试图控制整个群体，而是把重点放在了即将要轮到贴尾巴的孩子的身上。她选择了一个碰巧在附近，并没有完全参与其他游戏的孩子作为动员对象。

正如这个例子所示，儿童能够使用不同的策略来展示支配和获得声望的过程；他们能够根据情境调整自己的领导风格，也能够学习、提升自己在地位获取和权力使用方面的有效性和熟练程度。

在概述了我对威望和支配地位的看法之后，接下来我想关注威望的一个特定方面，这成为我们对南京和伦敦儿童进行实验比较的基础，即在冲突情境中的让步。

在发展心理学使用的实验设计中，孩子们看到了主导角色和从属角色之间的冲突场景，研究结果表明，婴儿已经会预测主导角色会在这些情况下胜利。中国人的价值观是"谦让"，即在冲突情况下，地位较高的人向地位较低的人让步。我预测南京的孩子们在类似的实验情况下可能会有不同的表现。

"让"是指避免、管理和结束冲突的能力，以及通过谦逊显示自己相对地位的能力。谦让是一种美德，也是一种社交能力。我区分了两种类型的"让"——恭敬的让步（Respectful yielding）与谦逊的让步（Modest yielding）。

恭敬的让步是指低地位的人让位于高地位的人，这与其他支持尊重长辈的价值观相一致。谦逊的让步是一种更为复杂和成熟的价值观，是指高地位的人让位于低地位的人，以显示其卓越的社会地位和技能。通过让步积极化解矛盾的能力也是地位高的标志,娴熟的适度让步可以为一个人赢得很高的声望。

经典的《孔融让梨》的故事大家并不陌生,孔融也因此成为人们心中的道德榜样。"让"的技能是随着时间和经验逐渐发展的,通常与年龄和地位相关。父母从很小的时候就开始教孩子一些粗略的让步原则,例如,让一个蹒跚学步的孩子把最喜欢的玩具给另一个孩子。干预孩子之间冲突的一种常见方式是敦促地位较高的孩子(例如年龄较大):"你为什么不能让给他呢?"通过这些重复的、充满情感的互动,"让"的价值观逐渐被融入到儿童关于地位和冲突的文化模式中。当我问孩子们关于"让"的问题时,使用更正式的概念——"谦让",大多数4—5岁孩子都不认识这个概念。年龄较大的孩子(10—11岁)开始解释恭敬的让步或谦逊的让步。但在我的提示下,他们也想出了另一种类型的例子。我和一对10岁的双胞胎男孩的谈话就是一个典型的例子。

AK:你们知道这个词"谦让"吗?

哥哥和弟弟:我知道!

AK:这是什么意思?

弟弟:谦让的意思是,比如说,当你坐在公交车上,有一个老人或一个小孩子,或者一个孕妇,他们站在那里不方便,你可以把你的座位让给他们,让他们坐下来。他们会非常高兴,非常感谢你。

AK:哦,我明白了。哥哥,你有其他解释吗?

哥哥:没有,我没有其他的。

AK:好。现在你是弟弟,你是哥哥,谁要多谦让一点?

哥哥:我。

AK:为什么?

哥哥:因为很多人说哥哥让弟弟。

AK:哦,是这样的!弟弟,你同意吗?(他点头)你同意。所以弟弟不需要让哥哥?

哥哥：有时。

弟弟：有时我会谦让。比如说，当我们要上厕所时，对吧？如果他真的急了，我可能会让他先上。

AK：啊，我明白了。在什么情况下哥哥必须让弟弟？

哥哥：比如说，写作业的时候，如果我比他做得多，我会让步等他10分钟，这样我父母就不会批评他。

随着年龄的增长，孩子们对"让"的知识变得越来越丰富。要学习这种技能，不仅需要对自己冲动的情感进行控制，还需要理解与冲突相关的归属地位系统，如年龄、亲属关系、性别和工作场所的正式地位。只有当它与其他特性适当地结合时，"让"才是力量的体现。一个成熟的、有社交技能的、有声望的人会在相对不重要的事情上适度地让步。总而言之，根据情境和所涉及的等级制度，"让"可以是避免冲突，可以是表示尊重，可以是显示一个人的较高地位，或是为了地位竞争。

此外，与"让"的原则不一致的价值观，如鼓励孩子公开表达他们的感受和思想，已经日益成为中产阶级教养和教育的核心。这一点在许晶关于上海儿童道德发展的研究中得到了体现。引发这场争论的是社交媒体上一篇关于"孔融"的考试题目的帖子。考试中有一道题："如果你是孔融，你会怎么做？"一个孩子回答："我不会让出更大的梨。"老师判这个答案为错。这张考卷的照片在社交媒体上引发了激烈的讨论，一些新闻报道也讨论了这一事件的道德影响。许多家长批评了这位老师和"让"的价值观，认为这种价值观根植于封建主义传统中的偏袒、虚伪的恭顺和谦逊，而在现代社会中，"让"的价值观已经过时。在现代中国，应该让位于真实的情感表达和平等主义价值观。

这种"让"和地位之间的动态关系吸引了我，我开始了在伦敦的实地调查。我对儿童解决冲突的方式、他们可以获得的文化模式和成年人明确教授的模式特别感兴趣。在南京和伦敦这两个地方，我都观察到了有关支配和声望的社会机制的运作。我发现，与南京相比，伦敦的同龄人更容易容忍支配和侵略性行为，南京的孩子们对攻击性行为表现出强烈和一致的厌恶，认为"坏脾气"是不成熟的表现。在南京，孩子们的声望也更多地与他们的学业成就相关，最有声望和最受欢迎的孩子也是最好的学生。相比之下，在伦敦，某些攻击性和挑衅行为可能是同龄人的声望来源，尤其是在年龄较大的孩子中。但成年人不喜欢这些行为。

除此之外，我还关注在冲突情况下的让步问题。乍一看，作为伦敦学校道德教育的核心，尊重和控制行为的价值观可以被认为与"让"的价值观有相似的内涵。例如，孩子们被教导要尊重他人，尊重差异，并在冲突情况下保持尊重的态度。但对这些价值观进行简要分析就会发现，它们与中国的"谦逊让步"的价值有着本质不同。

尊重是教师最常用的培养儿童的良好行为和道德品质的道德价值，还被用作一个综合的价值观以涵盖学校想要解决的任何行为问题。如果将尊重与学校倡导的其他价值观（如个人发言权和平等）结合起来理解，就会发现尊重是一种普遍主义道德准则的一部分。这种准则认为，一个人必须以尊重的方式对待所有其他人，无论其地位如何。然而，"尊重"这一概念的教学方式将普遍性与特殊性结合在一起。每个人都应该受到尊重，但尊重的程度还取决于受尊重者的个人特点，这些特点使他们理应受到尊重。在这种情况下，地位低下的人应该受到尊重，因为首先他们也是一个人。其次，他们可能有一些隐藏的品质，使他们应受到的尊重程度更高。因此，"尊重"的价值观与中国的"谦让"的价值观不同，后者特别依赖于接受者的非应得品质。这是一种在行为者身上培养起来的美德，并且由于接受者不值得得到它而成为一种美德。

除了普遍强调尊重之外，伦敦学校还明确教导孩子们以尊重的方式处理冲突情况。在每个教室的主白板上方，都贴有一些礼貌用语，说明如何有礼貌地处理冲突、提出不同意见和论证自己的观点，其中包括：

  You make a good point but…

  I agree with you to an extent but…

I like your point but…

I've made a mistake.

I know that I have to…

I'm not sure. On the one hand… but on the other hand…

虽然这些表达方式可能被解释为"谦让"的某种方式,但实际上,它们的目的是在保持礼貌和尊重的社会习俗的同时,有效地论证一个观点。最基本的形式就是父母用"请礼貌地问"来回应幼儿的请求。这样做的目的不是以表达自己的观点为代价来实现社会和谐,而是为了捍卫自己的观点,或者说是为了确保最应该表达的观点成为主流观点。这与其他鼓励儿童在冲突中坚持己见而不让冲突升级的做法是一致的。老师们经常说那些制造混乱的孩子"有很多情绪上的需求"。这意味着孩子们无法控制自己的情绪冲动。在情绪管理不成功的情况下,孩子们在争吵后仍然生气或流泪,或者把争吵的后果带到课堂上。然后他们会受到处罚,不是因为他们陷入了冲突,而是因为他们无法控制冲突。

总而言之,成熟和熟练地处理冲突的标志并不涉及丧失自己的利益。它通过尊重和礼貌地表达自己的观点,从而在控制冲突的同时追求自己的利益,而这反过来又需要可以管理自己情绪冲动的能力。因此,不同于中国的"谦逊让步",后者通常涉及实际放弃资源,或无论资源多么值得拥有,都坚持自己的观点。

在南京和伦敦,地位和让步之间的关系是不同的,因此,儿童对于在冲突情况下谁应该屈服的第三方期望也可能不同。在与发展心理学家纳尔吉斯·阿夫肖尔迪(Narges Afshordi)和菲利克斯·沃内肯(Felix Warneken)的合作中,我设计了实验来解决这个问题。

参加实验的孩子分为年龄较小组(5—7岁)与年龄较大组(9—11岁),每个年龄段,每个地点,每个实验有40名儿童,总共有321名儿童参与。我们的实验预测是伦敦的孩子们会推断地位高的人会击败地位低的人,无论地位是源于支配还是声望。而南京的孩子们则会推断支配者会成为胜利者。但是在冲突场景中，他们可能会推断有声望的人会谦逊让步，或者是地位低的人会尊重让步。

实验中有关支配地位和声望地位的场景各播放了两次。涉及支配地位的场景使用了许多线索来显示其对"小橙"的主导地位（例如强迫意见、攻击性的语调）。涉及声望的场景则提供对比线索，以建立对方的角色对"小橙"享有声望（例如，在咨询后分享意见、友好的语调）。接着提问儿童如下问题：

研究发现，年龄组之间存在显著差异。年幼的儿童认识到具有声望和支配地位的个体拥有更高的地位，但无法认识到有声望的人士更受喜爱和更不被害怕。年长的儿童则可以意识到上述两个问题。并且，实验结果在中国和英国儿童之间无显著差异。

与实验 1 一样，实验 2 展示了涉及支配和威望地位的场景。参与者被告知，他们将被要求在观看视频后做出预测。他们观看了这两个冲突的场景，并选择了这两种可能性中的一种作为预测。最后，他们被要求为自己的选择提供理由。

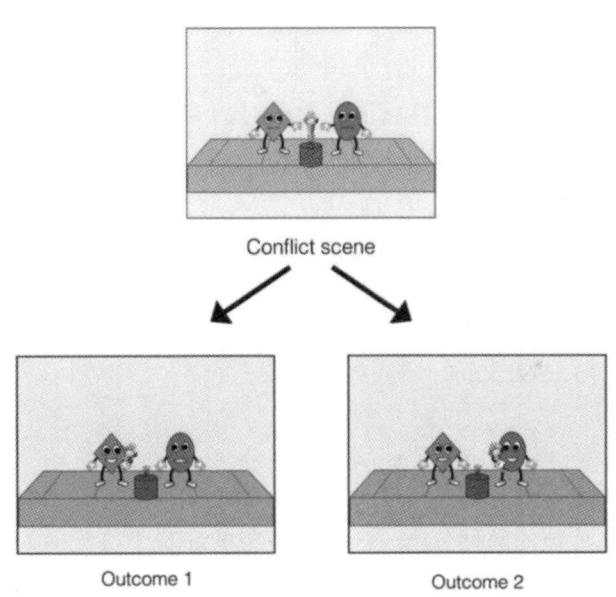

实验 2 的研究结果发现，不同年龄组之间存在显著差异，年幼的儿童在选择时较为随机，而年长一些的儿童则选择地位较高的人作为获胜者。同时，中国和英国儿童之间在年长的年龄组存在显著差异，英国儿童更倾向于选择地位较高的人作为获胜者，中国儿童选择地位较低或者地位较高的人作为获胜者的概率则相差无几。

研究关键的发现是：(1) 南京和伦敦的儿童都认为支配和声望是高地位的不同基础；(2) 随着年龄的增长，他们对冲突结果的预测越来越受到冲突和地位的文化图式的影响。南京的许多年龄较大的孩子在他们的预测中明确提到了谦让的原则，而伦敦的年龄较大的孩子则期望一个高地位的角色获胜，无论他们的地位是基于声望还是支配。

谦逊让步和尊重主张在短期内会导致不同的策略。谦逊让步涉及放弃个人的短期利益，而尊重主张则涉及捍卫它。然而从长远来看，两者都是创建和维护等级制度的策略。

参考文献

Kajanus, A.（2024）. A developmental perspective on social status: children's understanding of hierarchy in Nanjing and London. *Journal of the Royal Anthropological Institute*, 30（2）, 478-496.

Kajanus, A., Afshordi, N., & Warneken, F.（2020）. Children's understanding of dominance and prestige in China and the UK. *Evolution and Human Behavior*, 41（1）, 23-34.

❋专家点评与互动交流

杨德睿教授：

安妮通过讲述孩子们在足球场上的游戏、沙内尔在生日聚会中的表现提出了有关高地位的两种分类——基于声望的和基于支配的。在冲突情境中，英国学校的教育方针强调平等、宽容和民主，在教育过程中强调既有礼貌又可以表达自己的不同看法。所有人都是平等的个体，可以用委婉客气的方式去捍卫自己的观点。而在中国，安妮引用了孔融让梨的故事解释了中国强调的谦让还包括上位者对下位者的谦让，并且通过实验来研究中国和英国不同谦让价值观的教育会不会产生不同的结果。

第一个实验表明年幼的孩子可以判断谁的地位更高，但是没有办法判断这个地位是来自声望还是来自支配，且这个结果在中国与英国儿童之间无显著差异。第二个实验是判断谁可以拿到那个冰淇淋，这个实验发现两国的9—11岁年龄组儿童之间存在差异,英国儿童会选择地位较高的人作为获胜者,中国儿童则因为传统的谦让教育的影响,会选择地位较低人物作为获胜者。她的研究结果也表明,谦让教育确实在中国与英国儿童之间产生了差异,但是这种差异在年龄较大(9—11岁)的孩子中表现得比较明显。

比较有趣的是,"学·思·行"系列讲座从一开始直到今天安妮的报告,我们才第一次看到方法上新鲜的东西,就是实验。她的研究结合了好几种方法,首先有田野观察,她在中国和英国的学校进行了田野调查。然后,她谈到中国文化中的谦让特质,灵感可能来自她在小学做田野时了解到孔融让梨故事的经验。之后,她通过博览文献,结合心理学和儿童心理学的前人研究,对分配、服从和高地位的认知等概念进行了清晰的理论假设构建。最后是设计实验和实验结束后的统计分析。这是系列讲座中实验法怎么运用在教育人类学里的初次展示。

其次,安妮的研究清楚地涉及中英两种文化的比较,这能够引起我们想到很多事情,尤其是我们如何看待中国文化。也许我们对孔融让梨的谦让教育习以为常,已经引不起灵感了,可是把它换到一个英国学校的情境中,突然就变成了一个灵感,这就是文化比较的美丽。

最后,中国讲谦让这种伦理道德上的教育,到底有没有什么效果,有什么效果?这里有趣的是在做儿童发展研究时,我们常会把小孩划分为不同年龄组,这是实验法里很重要的东西。在我印象中,对于伦理道德之类的研究,7—9岁,9—11岁是一种划分。宗教研究的儿童认知发展的切分年龄常常是在11岁以下和11岁以上。那这些划分的技巧也要看很多材料才能得知。假设安妮的研究基础很牢固,很切实,我们接下来可以想很多可能的问题。谦让造成了一定的差异,差异背后会折射出很多东西。安妮最后有一句话,实践谦让的社会确实会在短期内造成地位高低不同的人之间行为方式的改变,比如短期利益会流向地位低的人。但是长期的结果是他们都在协助巩固一个地位高低位阶的体系。这很有趣,但我觉得这不是既有的这个研究所能证明的,因为现在研究只涉及一些孩子,很难说将来会怎样。但是长期内,谦让的文化会巩固地位尊卑高低的差异,还是缩小这种差异?英国价值观强调平等,捍卫自我利益,尊人重己,那长远来看,这种文化会让社会变得更平等吗?这都是由此研究引出的很有趣的可以继续研究的问题。我想这就是教育人类学的魅力,从小朋友身上看出来的一件事情往后延伸,我们可以想到很远的整个大的社会文化和长期的后果。很感谢安妮今天带来的这场讲座。

安妮·卡雅努斯副教授:

我们做实验的一个重要动机是我们觉得人类学在这方面能对心理学做出相应贡献。心理学中这个实验已被广泛应用以了解孩子如何理解地位高低。当时认知科学和发展心理学的测量系统都是基于欧洲和北美人口,所以有评述说这套测量体系没有考虑其他国家的文化差异和教育影响,在中国可能会得到不准确的结果。另外,关于年龄层的划分,我们对所有年龄层的划分非常细致,而且低龄组越低越好,因为在发展人类学里我们认为人类相较于其他物种持有的特质只会在后期体现。我们想看到的一点是,在相对平等的社会里和相对地位差异性较高的社会里,孩子对于支配和威望区别的认知会不会更早?这让我想到我们这个实验可以预测到社会性的什么程度?在人类学里有一句话是:平等是一件很糟糕的事情。因为在地位高低非常显著的时候,人们的日常沟通会依照这个社会地位来进行。但是在一个更平等的社会里,每一个个体都因为缺乏明晰的高低地位系统而要付出更多的精力不断测评自己周围的环境和身边人的声望、支配地位,进行日常生活的沟通。

齐学红教授:

杨老师对安妮讲座内容的梳理非常清楚,后面的回应和对话也非常启发我们思考。刚刚杨老师讲中英是两种不同的文化价值,英国以平等、宽容、民主作为永恒价值,中国的文化里有谦让的教育,中国的道德秩序和伦理秩序建立在谦让的基础之上。

我有一个问题，就是刚刚回应的第一点，你的研究怎么判断儿童是如何理解和认知地位高低的概念的？虽然这个问题是儿童发声的角度，但这里的高地位和低地位在儿童世界里其实是一个成人世界的学术概念。那你们怎么从人类学的现象，比如谁服从谁的意见，去判断地位高低的问题呢？

第二个问题，我还是挺认同刚刚安妮所说的平等是一件很糟糕的事情，因为在相对平等的社会，你搞不清楚怎么去评估判断这个人的地位高下。可能在有着非常明显的高低文化的背景之下，人反而会遵从一些规范和法则，这种解释可能也是文化生产的一种机制，在这里就是刚刚讲的短期利益和长期利益。我觉得中国的道德教育好像时刻处在对高下的评估中，所以很难形成比较具有持续的稳定性的一种心理品质、道德秩序，这可能是中国的谦让教育需要进一步反思的。

安妮·卡雅努斯副教授：

在上一个实验中，儿童对于支配的理解是他用自己的权力来影响后果，就是我让你这么做你就必须这么做。儿童对于声望的理解是用自己的声望来影响后果，就是我建议你这样做，然后看其他的儿童会不会服从或遵从这样的建议。所以是他的行为模式以及最后的成果来让儿童理解社会地位高低的判断。因为像社会地位高低这样的词确实属于成人世界，并且出于道德关注，我们不会在实验中引入这样的词汇让儿童去评估同伴谁的社会地位高或低，所以判断多数来自田野调查和观察，在普通的课堂观察中，我们会看儿童追随、模仿哪一个同伴，在对话中谁处于主导地位，谁决定话题的走向。我们会问这些孩子，你平常最喜欢跟谁玩？孩子们大多数都会说最受欢迎的、最有声望和主导地位的儿童，而不是他们真正花时间一起玩的小伙伴。这能反映出他们间存在的社会地位高低。

回应刚才提出的关于声望型领袖和支配型领袖、大家对于更平等社会的理解，我们最近在芬兰和哥伦比亚也重新做了实验。芬兰社会在文化性质上非常强调平等，并且整个社会结构都以民主和平等为主导，社会资源分配较平均，功能较齐全。而哥伦比亚现在的社会经济差异非常大，犯罪率很高，日常生活中有非常多不确定性，总体来说危险性也较高。实验中明显哥伦比亚的孩子会更倾向于支配型领袖，而芬兰的孩子则更倾向于声望型领袖。支配型领袖在生活有很高的危险性的情况下，可能会比声望型领袖更有主导权，更值得人们追随，因为他们会为你的生活带来更多的确定性。而声望型领袖则是在更平等、更安全的社会，并且社会资源不匮乏的情况下，让大家觉得更有领导性，更给大家带来安全感，所以这跟社会结构也有一定关系。

李湘萍老师：

我最近来新加坡工作，发现与国内强调谦让和帮助他人的文化不同，新加坡的孩子们在被问及是否愿意帮助他人或谦让时，会表达出不愿意的态度，这种差异可能与新加坡的教育、环境、家庭传授的社会交往策略有关。我很诧异，但可能这样的环境也让我变成了换了一种话语体系的老师，不会用在国内跟孩子们讲话时下意识的反应，社会环境也给我带来了一种对我母语的助诊。

安妮·卡雅努斯副教授：

我也做关于帮助行为的一些研究，等会儿我可以跟大家分享一下我的研究成果。最有意思的一点是孩子在不同的社会背景和教育下，他们的阐述表达和具体的行为是不一样的。比如如果他们长期在有显著的显性口头教育的环境里，他们的老师或家长一直跟他们说，你一定要做一个好小孩，你一定要懂得谦让，你一定要主动帮助，那他们会非常擅长于在你显性提问时回答"是，我会帮助，我会谦让"，但他们的实际行为可能与表达不一致。

在我们和其他人类学的研究中，我们会把社会文化分为大致的两类。大部分西方国家都属于第一类，强调成年人对儿童的显性道德教育，面对面的口头沟通和一定要遵守以下道德规范的指教，比如"你要学会排队""你要帮助别人""你要共享"。当长期处在这个环境里的儿童开始合作时，他们会依照这样的道德规范来估量自己和同伴的行为。在其他社会，如小规模社会和农业社会，包括一些太平洋岛国和南美的亚马逊部落则属于第二类，家长或照顾者很少对孩子面对面指教，哪怕是照顾者抱小婴儿出去时，都是让孩子的脸朝着外面，让孩子去观察外面的人在干什么。这类社会里，儿童的习得行为大部分通过参与其他的社会活动或者社会帮助，而不是显性的口头教育来进行。

比较的结果是在第二类社会里，儿童会掌握更多比较隐性、细微的合作技能，即在合作方面他们是更成熟、更具有技能的合作者。当通过长期的观察和参与社会活动时，他们会调整自己的需要，也会比较成熟地认知到别人的需要，以此来参与到他们的社会文化里。而在第一种显性教育的社会里，儿童会根据规则来进行社会活动，他们会对规则提出一些挑战，并且不断进行遵守与否的辩论和如何实施的讨论。

基于这样的研究结果，我的建议是与其让家长和照顾者给孩子们很多直接的口头教育，但又不让他们参与到真正的社会活动中来，不如增加儿童对社会活动的参与度。比如在家里大扫除的时候，不要给小孩一个平板电脑让他玩游戏，让他不要碍事，然后你自己打扫，而是给他一把扫帚，让他参与进来。那么儿童在实际的参与过程中会学到更丰富的合作技巧，在活动中会更好地接受和掌握如何去配合、帮助、谦让。让他们更多地参与到直接的、真实的社会活动中要比让儿童只做所谓孩子做的事有更好的效果。

另一个问题是在大部分的现代社会中，我们把儿童和成年人的行为给区分化了。孩子没有机会看到大人是怎么工作的，也没有办法看到大人是如何与别人合作的。当然我们不能完全地解决这个问题，但是如果我们在社会生活中能够增加让孩子看到大人怎么做、怎么合作的机会，以及逐步地让孩子感受到他们在所生活的社群里有真正的社会责任，并且能够真正地做出一些贡献的话，其实他们的认知技能和合作技能也会日趋成熟。

薛国凤教授（河北大学）：

我有两个问题，一是中英文化背景差异很大，当然也有共性，但相对来说，在全球化和文化交流日益频繁的今天，是不是在某些方面会有趋同呢？二是能不能分享一下您对中英在儿童发展的教育文化上的共性或者差异的看法？

安妮·卡雅努斯副教授：

我先回应薛老师提出的第二点，因为这些都是非常大的问题，我们很难从宏观层面给大家一个简单的解释，所以我就专注在儿童发展这一块。与中国相比，整体来说英国儿童会有更多相对自由的时间，不论是校内还是校外，他们有更多的玩耍时间，课堂指导也多以儿童为中心，老师的指导相对中国较少。在这样的环境里，孩子们更倾向于从彼此的行为中学习，而不是依赖于成人的指导，这是他们身教的一个主要来源。在中国情况也非常复杂，我在南京的两所学校进行研究，一所是重点学校，另一所是普通学校。重点学校的学生明显会接受更多的言传和老师直接的教育和管教，而普通学校的学生则有更多的玩乐时间，所以他们跟同伴自由相处的时间也更多。但在精英学校里，小孩到某一个点之后就不听从大人的言语管教了，所以虽然他们接受很多说教，实际上他们的行为也是根据孩子间的沟通来矫正和适应的。

也许这不是一个非常完善的回答，但对于第一点的回应是，我在中国和英国都观察到的一个共同点是：孩子不是成人社会的一部分。因为孩子有孩子的世界，比如孩子会被放到一个专门设计给儿童进行玩耍的游乐场这样经过特殊设计的环境里，让他们去练习如何成为一个成人，但是练习的这些项目跟他们成人以后所做的事情没有关系。直到我们的教育者认为他们已经练习完毕了，再放他们出来加入成人的社会。而在中国和英国更传统的社会里没有这种区分，孩子就是成人社会的一部分，孩子会逐渐被包容到成人社会里，他们会从很小的事情开始被赋予一些责任，直到他们能力足够的时候，成为成人社会的一部分。这是我看到的两个国家在现代化过程中发生的一个相同的趋势。

【作者简介】

安妮·卡雅努斯，芬兰赫尔辛基大学人类学副教授，认知人类学家，在中国从事包括移民、性别、教育和儿童发展等多个主题的研究。最近专注于人类合作、道德和情感的跨文化比较研究。其所主持的项目得到芬兰科学院和欧洲研究理事会启动基金的支持。

从教育民族志凝视世界
——中国海外教育民族志的历程、特征与展望

海 路

（中央民族大学）

【讲座提要】

中国教育人类学学会"学·思·行"系列讲座之"从教育民族志凝视世界——中国海外教育民族志的历程、特征与展望"于2024年11月17日14：00—17：00在线上举办，来自全国各地的近百名师生参与了讲座与讨论。本期讲座由中央民族大学教育学院副教授、博士生导师海路主讲，南京师范大学道德教育研究所齐学红教授主持，南京大学社会学院人类学研究所杨德睿教授点评。

海路副教授先是梳理了中国海外教育民族志发展历程，中国海外教育民族志发轫至今，大致经历了三个发展阶段。自20世纪20年代至20世纪70年代末，中国对海外教育的考察藏匿于人类学的海外研究中，以原住民儿童教养与国民性研究为主导框架；接着在20世纪80年代至2010年的改革开放浪潮和海外民族志研究兴起过程中得到初步发展，研究主题聚焦于公民社会中的现代教育实践；2011年以来，随着中国民族学人类学海外学术研究机

构的相继成立和海外研究新生力量的崛起，中国海外教育民族志研究进一步发展，在研究主题上呈现多元发展的态势。在梳理中国海外教育民族志发展历程的基础上，海路副教授说明了每一时期海外教育民族志的研究主题变化，阐述凸显"回归到人"的本体性特征、呈现人类学与教育的多元关系、贯穿文化本位的人类学视角的三大研究特征，并从实践探索与理论建构、研究队伍与学科合作两方面讨论其发展状况与学术困境，希冀中国海外教育民族志在已有研究的基础上取得更大进展，推动实现教育人类学在本土与在海外互动发展的新格局。

中国海外教育民族志研究是一个重要且复杂的领域，我们肩负着责任和使命。今天，我非常荣幸能与各位同仁、学者分享我对于中国海外教育民族志研究的见解与感悟，也希望通过今天的讲座，能够激发大家对于这一领域的研究兴趣，共同推动中国海外教育民族志研究的深入发展。

首先，关于中国海外民族志研究的背景。长期以来，教育作为文化传承与社会发展的重要途径，与家庭、学校、社会、国家之间形成了紧密的多重关系。关注教育与文化的互动，是教育民族志书写者打开世界、理解不同文化的重要渠道。然而，由于政治、经济等多方面的原因，中国人类学研究一度缺失了"海外"这一重要的文化坐标。进入21世纪后，得益于中国正式成为世界贸易组织成员、中国政府提出"一带一路"倡议等历史机遇，中国的海外民族志研究取得了显著的新进展。越来越多的学者将目光投向海外，关注域外的教育与文化，并出版了一系列标志性的成果。这些成果不仅丰富了中国人类学研究的内涵，也为理解不同文化背景下的教育模式提供了宝贵的参考。尽管取得了这些进展，但在研究成果的整理与研究方面，我们仍然面临着不小的挑战。相较于一个世纪以来中国海外教育民族志文献体量的积累，相关的清点、整理和研究工作仍处于空白阶段。这既是我们的遗憾，也是我们需要共同努力的方向。

回顾中国海外教育民族志研究的历程，大致可以分为三个阶段：遁名匿迹、初露端倪和日新月异。在遁名匿迹阶段，即20世纪20年代至70年代末，中国海外教育民族志研究主要聚焦于原住民儿童教养与国民性研究。这一时期的研究往往局限于特定的族群和地区，缺乏广泛性和深入性。尽管如此，这些研究仍然提供了宝贵的历史资料和学术基础。初露端倪阶段，即20世纪80年代至2010年，中国海外教育民族志研究开始逐渐崭露头角。这一时期的研究成果数量虽然有限，但具有标志性和典范性意义。不仅跨越了以族群研究为业的人类学研究旨趣，呈现出新的问题意识和研究主题，注重从教育实践层面勾连深层的政治社会文化背景。同时充满了人类学的研究特点和人文关怀，遵循田野工作规范，以现代公民社会中的学习者为主要研究对象，从日常实践的视角去观察和解析教育。而进入日新月异阶段，即2011年以来，中国海外教育民族志研究展现出多元化的趋势。这一时期，北京大学、中央民族大学、厦门大学、中山大学、云南大学等具有人类学专业背景的高等院校纷纷开展海外民族志实践，成为国内民族学、人类学、社会学海外研究的重镇。这些院校不仅积累了丰富的海外研究经验，还培养了一大批优秀的海外研究人才。同时，随着学科专业化和组织化的不断增强，越来越多的博士研究生、硕士研究生以及海外院校访问学者聚焦在教育人类学领域开展研究，积累了丰富的成果。这些研究成果不仅拓展了研究领域，还推动了多学科话语体系在海外教育民族志领域的交叉融合。

基于研究历程的回顾，中国海外教育民族志研究主要呈现出以下三个特征：第一，凸显"回归到人"的本体性特征。这一特征体现在研究范围从封闭到开放、研究群体从边缘到主体和研究主题从经典到新潮三方面。越来越多中国海外教育民族志的研究跨越人类学最初关注的蛮荒部落、族群领域，转向对形形色色的人类群体社会化进程展开记录和阐释；研究群体扩展至非西方社会的土著、弱势群体之外，把海外主体社会的婴儿、儿童、青少年、成人、男性、不同职业者、不同种族等均列为研究对象；研究主题既沿袭了前一阶段聚焦于原住民教育、少数民族教育、乡村学校教育的风格，又回应时代新潮，引入环境和人群联系的变量，不断更新研究主题。第二，呈现人类学与教育的多元关系。作为原住民儿童教养渊源的人类学研究，强调整体观、跨文化比较的研究视角，奠定了教育人类学沿用教育的广义含义、注重田野工作与文化分析的研究传统。随着时代的变迁，教育人类学研究也发生了显著的转变，不再将教育视为族群或无文字社会研究的注脚，而是将其视为民族志研究的重要观察窗口和基本议题。同时，随着多学科融合发展的态势，教育学、人类学、民族学、社会学等多学科开始积极致力于人类学的海外教育研究，推动了多学科话语体系在海外教育民族志领域的交叉融合。第三，贯穿文化本位的人类学视角。中国海外教育民族志研究始终将人性塑造与文化关注作为研究重点，这一视角不仅关注教育过程与社会文化情境的结合，还关注现实议题与时代背景的自觉延伸。我们能够更深入地理解不同文化背景下的教育模式与特点，以及教育在文化传承与社会发展中的重要作用。

在充分肯定中国海外教育民族志研究近年来的显著成就与独特贡献的同时，我们也必须保持清醒的头脑，深刻认识到这一领域当前所面临的困境与挑战，这些挑战不仅关乎研究的深度与广度，更涉及研究队伍的建设与学科间的合作。

首先，实践探索与理论建构的短板是我们不得不正视的问题。尽管中国海外教育民族志研究在田野调查方面已有一定的积累，但无论是调查的深度还是广度，都仍有待进一步加强。深度上，我们需要更加细致地挖掘教育现象背后的文化逻辑与社会结构，揭示那些隐藏在表面之下的深层机制；广度上，则应拓宽研究视野，将更多的地域、文化与社会背景纳入考察范围，以构建更为全面、多元的教育民族志图景。同时，在理论框架的构建上，我们也应努力克服碎片化、局部化的倾向，致力于构建一个既能解释中国海外教育现象，又能与国际学术对话的理论体系。

其次，研究队伍与学科合作的不足，是当前中国海外教育民族志研究面临的又一重大挑战。研究队伍相对较小，意味着我们能够投入的人力资源有限，难以支撑大规模、持续性的研究项目；学科交流不畅，则限制了研究视角的多样性与研究方法的创新性，使得研究难以突破固有的框架与局限。此外，主位视角的忽视也是一个不容小觑的问题，它可能导致我们无法理解被研究者自身的视角与感受，从而偏离了研究的真实意图。而内外部视角的差异，则进一步加剧了研究的复杂性与挑战性，要求我们必须在尊重多元性的基础上，寻求更为有效的沟通与对话机制。

  面对这些困境与挑战，我们应采取积极有效的措施，加强研究队伍的建设与培养，推动学科间的交流与合作，深化田野调查的广度与深度，完善理论框架的构建，同时注重主位视角的引入与内外部视角的整合，以期在未来的研究中，能够为中国海外教育民族志研究开辟更为广阔的发展道路，为国际学术界的对话与交流贡献更多的中国智慧与中国声音。可以从以下几方面突破：其一，加强实践探索和理论建构。深入田野进行实地调查，获取真实的数据和丰富的经验材料；加强理论建构，构建更加完善的理论体系指导实践。在提高研究水平的同时，为研究成果提供更加坚实的理论基础。其二，推动研究队伍与学科合作的融合与协作。加强研究队伍的建设和培养，吸引更多优秀人才加入这一领域；同时需要加强学科合作与交流，打破学科壁垒，形成多学科共同研究的格局。既可以拓宽研究视野和思路，也可以提高研究效率和质量。其三，注重主位视角的引入与内外部视角的融合。需要更加关注被研究者的主体性和能动性，从他们的视角出发理解教育现象和文化背景；将内外部视角相结合，形成更加全面、深入的研究视角。一方面提高研究的深度和广度，另一方面也使研究成果更加具有说服力和可信度。

  历经一个世纪的沧桑巨变与不懈探索，中国海外教育民族志研究已从昔日的遁名匿迹，华丽转身为当今学术界一道多元而璀璨的风景线。这一转变，不仅见证了中国学者在国际舞台上日益增长的学术影响力，更体现了他们在探求域外教育奥秘过程中的不懈努力与深刻洞察。

在这场跨越国界的学术之旅中，中国海外教育民族志研究不断拓宽其研究的边界，将目光投向更为广阔的世界舞台，不仅关注海外华人社群的教育实践，更将触角延伸至不同文化背景下的教育体系与教育理念，实现了研究对象从单一到多元的重大跨越。与此同时，该研究始终坚守"回归到人"的核心立场，强调以人为本的研究视角，致力于揭示教育现象背后的人性光辉与文化底蕴，展现了深刻的人文关怀与本体性特征。在回溯传统与时代新塑的交织中，中国海外教育民族志研究不断探索与更新自身的研究主题与方法。它既深入挖掘历史脉络中的教育智慧，探寻那些跨越时空、历久弥新的教育原则与实践经验；又紧跟时代发展的步伐，敏锐捕捉全球化、信息化等时代特征给教育领域带来的深刻影响，以开放包容的心态，引入新的研究视角与方法论，推动教育民族志研究的不断创新与深化。走向海外、走向异域田野，对于中国海外教育民族志学者而言，不仅是一场地理上的跨越，更是一次心灵与智慧的远行。他们怀揣着对教育与人类本质的深切关怀，从人性与文化的双重视角出发，以细腻的笔触描绘出一幅幅生动的教育图景，打开了教育的世界与世界的教育的大门，为国际学术界贡献了中国学者的独特视角与深刻洞见，也为推动全球教育事业的进步与发展贡献了中国智慧与中国力量。

展望未来，我们需要继续加强中国海外教育民族志研究的发展。一方面，我们需要加强本土化的研究与实践，将海外研究成果与本土实际相结合，推动中国教育的改革与发展；另一方面，也需要加强国际化的交流与合作，积极参与国际学术机构和知识共同体的建设，推动中国海外教育民族志研究的国际化进程。

我衷心期待各位同仁、学者能够携手并进，共同参与海外教育民族志领域的探究。通过开展合作研究、共同申请课题、举办学术会议等方式加强交流与合作，在此过程中，我们不仅能够相互学习、借鉴彼此的研究成果和经验，更能共同推动中国海外教育民族志研究的纵深发展。中国海外教育民族志研究是一项长期而艰巨的任务，需要我们付出艰辛的努力，坚持不懈地追求。但是，只要我们保持对知识的渴望、对真理的追求、对人类的关怀，就一定能够在这一领域取得更加辉煌的成就！

❋ 专家点评与互动交流

杨德睿教授：

  首先，再次向海路老师表达我最深的敬意和感谢。海路老师今天的讲座不仅是一场学术盛宴，更是一次心灵的启迪。他以其深厚的学术功底和清晰的逻辑结构，为我们梳理了中国海外教育民族志百年的发展历程，让我受益匪浅。在学习的过程中，我笔记不断，至少记录了两页满满的要点，这些宝贵的知识无疑将成为我未来研究的重要参考。

  海路老师将中国海外教育民族志的发展分为三个阶段，这一划分既清晰又富有洞察力。第一阶段20世纪20年代到70年代末，主要聚焦于儿童教养与国民性的研究。这一时期的学者们致力于通过教育来塑造国民性格，提升国家竞争力，让我深刻感受到那个时代学者们的家国情怀和责任担当。第二阶段是20世纪80年代到2010年，这三十年间，研究重心转向了现代教育与公民社会。这里，我稍微有些疑惑，为什么海路老师会提到公民社会呢？但随后，我意识到这可能是从更宽泛的社会结构角度来审视现代教育的作用。不过，正如您所提到的，用"国家"来替代"公民社会"可能更为准确，因为这一阶段的研究更多是在探讨教育如何服务于国家建设、如何培养符合国家需要的公民。海路老师在这一阶段的梳理中，展现了现代教育在塑造国家认同、推动社会进步方面的重要作用。第三阶段则是2011年来的日新月异、多元呈现。这一阶段的研究更加多元化，不仅关注教育本身，还涉及文化、政治、经济等多个方面。刘谦、马强、李荣荣等学者的研究为我们提供了丰富的案例和深刻的见解。这一阶段的研究，让我看到了教育人类学在全球化背景下的广阔视野和深厚底蕴。

  在海路老师精炼而深刻的总结中，有三个趋势如同璀璨星辰，不仅照亮了中国教育人类学过往的探索之路，更为我们指明了未来前行的方向，它们分别是：回归到人、多元关系与文化本位。这三个趋势，不仅精准地概括了中国教育人类学的发展脉络与核心特征，更为我们提供了宝贵的学术导向与实践指南。

"回归到人"，这一趋势深刻体现了教育人类学以人为本的根本立场。它要求我们超越传统教育研究的宏观视角，将目光投向每一个鲜活的个体，关注他们在教育过程中的真实体验与成长轨迹。这意味着，我们需要倾听学生的声音，理解他们的需求与困惑，探索教育如何更好地服务于人的全面发展，如何在尊重个体差异的基础上，促进每一个生命的绽放与成长。

"多元关系"，则揭示了教育人类学作为一门交叉学科的独特魅力与广阔视野。它强调教育人类学不应孤立存在，而应与其他学科如社会学、心理学、文化学等紧密融合，共同构建多元、开放的知识体系。同时，这一趋势也提醒我们，教育是一个复杂的社会现象，它在不同文化背景下呈现出多样化的形态与特征。因此，我们需要以开放的心态，跨越文化的界限，深入探究教育在不同社会、文化环境中的运作机制与影响因素，为构建更加公平、包容的教育体系贡献力量。

"文化本位"，则是中国教育人类学在全球化背景下坚守的文化自觉与自信。它提醒我们，无论教育如何发展，都不能脱离其文化根基。教育不仅是知识的传授与技能的训练，更是文化的传承与创新。因此，我们需要关注教育如何塑造和彰显当地文化，如何在尊重与传承传统文化的基础上，推动文化的创新与发展，为构建人类命运共同体贡献文化力量。

然而，海路老师也指出了当前中国海外教育民族志研究面临的困境：研究数量不足、研究力量分散、缺乏明确的推动机构和平台。这些困境确实令人担忧，但也为我们提供了努力的方向。我认为，要突破这些困境，我们需要从以下几个方面着手：首先，加强团队建设，吸引更多的学者加入研究中来。这需要我们通过举办学术会议、设立研究项目等方式，为学者们提供更多的交流和合作机会。同时，我们还需要加强与国际学术界的联系，引进先进的理论和方法，提升我们的研究水平。其次，推动学科交叉融合，拓宽研究视野。教育人类学作为一门交叉学科，需要与其他学科进行深入的对话和交流。我们可以通过设立跨学科的研究项目、举办跨学科的学术会议等方式，促进不同学科之间的合作与交流，从而推动教育人类学的创新发展。最后，关注现实议题和时代背景，增强研究的针对性和实效性。教育人类学的研究不能脱离社会现实和时代背景，我们需要关注当前社会中的热点问题和教育改革的实际需求，将研究成果转化为推动教育改革和社会进步的力量。

在理论探索的广阔天地中，我认为我们有必要且迫切需要重新审视文化人格学派的理论价值。尽管这一学派在过往因其前卫大胆的理论假设而遭受过诸多批评与非议，但在当今这个日益紧密相连、文化交融的全球化时代，其理论中所蕴含的智慧与洞见依旧闪烁着不灭的光芒，值得我们深入挖掘与借鉴。文化人格学派为我们提供了一个独特的视角，使我们得以深入探讨文化因素如何在个体心理层面微妙而深刻地发挥作用，影响着我们的认知、情感与行为模式。在此基础上，我们更应与时俱进，结合当前复杂多变的社会现实与日新月异的科技发展，勇于探索并构建新的理论框架与研究方法。这不仅是对既有理论的继承与发展，更是对未知领域的勇敢开拓，有助于我们更全面地理解人类文化的多样性与复杂性，以及这些特性如何在全球化背景下重塑个体与社会。此外，我还特别将目光投向了传播技术的迅猛进步对教育领域产生的深远影响。随着信息技术的飞速发展，我们的教育方式与学习环境正经历着前所未有的变革。从在线学习平台的兴起，到人工智能在教育中的应用，每一项新技术的涌现都在悄然改变着教育的面貌，重塑着教育过程，影响着学生的学习体验与认知发展。因此，深入研究这些新技术如何具体作用于教育实践，如何优化教学策略，如何促进个性化学习，以及它们对学生认知结构、学习动机与创新能力等方面的潜在影响，对于指导我们的教育改革实践具有至关重要的意义。通过这些研究，我们可以获得宝贵的洞见，为构建更加高效、包容与创新的教育体系提供有益的参考与启示，共同迎接教育新时代的到来。

最后，我想请教海路老师一个问题：在您看来，我们如何才能更好地推动中国教育人类学的海外研究？是否有一些方便开展的理论对话平台或者研究合作机会？

海路副教授：

在探讨海外教育民族志的研究与实践时，首先需要明确其基础路径，即先进行特定场域的田野调查，随后依据民族志的规范撰写文本。随着社会的多媒介、跨媒介发展，传播方式已不再局限于传统的文本形式。影像、跨媒介画面等多样化的传播手段，为海外民族志作品的传播提供了新的可能性和广阔空间。

回顾历史，从20世纪20年代至20世纪末，传统的文本民族志占据主导地位。但自2000年以来，媒体和技术对我们的生活方式、思维方式以及教育互动产生了深远影响。这一点在海外教育民族志的研究中尤为显著，它要求我们必须关注技术媒介如何深层次地影响文化传承、教育方式乃至整个社会的运作。当前的研究在理论与实践的探讨上仍需加强，特别是在理论洞察力和影响力方面存在不足。

尽管在追求研究方法或研究对象上的创新与突破往往伴随着诸多不确定性与挑战，但我们绝不能因此而轻视或忽视传统人类学研究所蕴含的深厚价值与宝贵智慧。传统研究的精髓，在于其历经时间考验的研究视角与问题设定，这些往往是基于对人类社会深刻洞察与人文关怀的结晶。特别是在关注特定群体，尤其是那些在社会结构中处于相对弱势地位的群体时，传统人类学所展现出的以人为本的特质与深切的人文关怀，更是我们不可或缺的精神指引。

在海外教育民族志的研究领域，我们更应珍视并借鉴传统研究的这一智慧，将目光投向那些常常被主流话语所忽视的群体，通过细腻的笔触与深入的洞察，揭示他们在教育全球化进程中的真实境遇与独特需求。同时，为了更全面地理解并解决教育领域的复杂问题，海外教育民族志研究应当积极与其他学科,如社会学、政治学、管理学等,展开深入的对话与交流,共同探索多维度、跨学科的解决方案,以期在教育实践与社会发展的交汇点上,找到更为精准有效的介入路径。

此外,我们还需敏锐地捕捉到海外教育民族志研究在分化与整合中所蕴藏的机遇。尽管宏大的理论框架有时可能显得与实践操作存在一定的距离,但认知人类学等前沿命题的发展,无疑为我们提供了深化研究、拓展视野的新工具与新视角。在此过程中,我们应致力于梳理历史脉络,挖掘中国本土经验,提出并建构具有中国特色的社会科学知识体系。这一知识体系,不仅应涵盖海外教育民族志的独特理论话语,更应成为连接更广泛学科学术对话的桥梁,促进中国与世界在社会科学领域的深度交流与合作,共同推动人类知识的进步与发展。

当前,海外教育民族志研究在公共场域中的对话相对缺乏,尚未形成合力或有组织的科研。然而,随着改革开放、"一带一路"建设以及区域国际研究的推进,我们有了更多的机遇和挑战。在这方面,我们应加强国际上的跨学科留学访学合作,提升研究人员的素质和外语水平,以更好地进行海外教育民族志的研究。为了推动海外教育民族志研究的深入发展,应鼓励在公共的、跨学科的场域中建构学术共同体,可以通过召开会议、讲座等方式,促进教育民族志学者之间的对话与交流。同时,还应关注跨学科的研究方法,整合不同学科的优势,以更好地探索海外民族志取向的研究。

最后,我想回应杨老师的理论建构观点。自2000年以来,我们在海外教育民族志研究方面已取得了一定的成果,但仍需做出更多的努力,应基于民族志的研究贡献,指向理论探讨或理论建构的方向。同时也不能忘记初心,即进行人类学的研究和撰写民族志文本,因此仍需梳理和做一些基础性的工作,以巩固和拓展研究基础。此外,我也非常感谢今天的系列讲座和学术交流机会,提供了一个跨学科、多学科的对话平台,有机会与众多听众进行交流和互动。希望未来能有更多的机会进行学术交流、刊物建设以及会议和讲座的打造，培育更好的学术共同体。通过这些努力，我们可以共同推动海外教育民族志研究的深入发展，为中国自主的社会科学知识体系建设做出贡献。

齐学红教授：

特别感谢杨老师的精彩点评，以及海路老师的深入回应，这是一场具有深度的对话。教育学专业在对外学习上一直积极借鉴国外理论，而海外教育民族志的独特贡献在于为中国提供了一个观察世界的窗口，同时也让世界看到中国。对于海外民族志的研究，它与一般意义上学习借鉴国外的理论、方法有所不同。海外民族志更注重通过实地调研，深入理解不同文化背景下的教育现象。这种研究方法为我们带来了丰富的知识生产，有助于我们更全面地认识世界。

海路老师所提及的新兴研究领域——家长参与、在家教育以及与之紧密相关的海外家庭结构中的文化传承问题，不仅为海外民族志研究开辟了新的视野，更为我们理解全球化背景下文化多样性与教育实践的互动关系提供了丰富的素材与深刻的启示。这些领域的研究，不仅聚焦于海外华人社群，也广泛涵盖了所有在异国他乡寻求教育与发展机遇的家庭，展现了他们在不同文化环境中的适应策略、文化传承的挑战与机遇。

特别是，随着近年来出国留学与海外定居人数的显著增加，家庭作为文化传承的基本单元，在跨文化环境中如何维系与传承自身的文化特质，成为一个亟待深入探究的课题。这不仅关乎个体身份认同的建构，也直接影响到文化的全球传播与本土化的复杂过程。因此，无论是通过实地调研海外社群，还是在国内关注这些跨文化家庭的生活状态，都能为我们揭示文化流动与变迁的内在逻辑，为全球化时代的文化研究贡献新的视角与深度。

与此同时，随着"一带一路"倡议的深入实施，中国以其悠久的历史文化与蓬勃的发展活力，吸引了来自世界各地的留学生。这一庞大的留学生群体，在中国的学习与生活经历，不仅是他们个人成长的宝贵财富，也成为跨文化交流的生动案例。研究这些在华留学生的文化适应过程，不仅具有深远的学术价值，能够丰富我们对跨文化心理、社会融入与文化冲突解决机制的理解，更为中国与世界各国之间的对话与合作提供了新的切入点与视角。通过这些研究，我们可以洞察不同文化背景个体在相遇、碰撞与融合中的微妙变化，探索促进文化理解与尊重的有效途径，为中国与世界各国在全球化浪潮中携手共进，构建人类命运共同体提供坚实的理论基础与实践指导。

关于海外民族志研究的文化本位问题，我仍有些困惑。海外民族志研究到底是以中国的文化为本去看世界，还是采取其他立场？人类学的立场在海外民族志研究中又是如何体现的？这些问题我希望能得到海路老师的进一步指导。

最后，我认为今天这样的线上讲座为教育学专业和教育人类学领域打开了一个新的对话空间。未来，在海外民族志研究上，我们可以在队伍、方法和领域上不断探索和创新，为人类学的深入研究贡献力量。

海路副教授：

感谢齐老师的提问，学术交流本就是思想的碰撞与启迪。人类学作为一门跨学科的领域，其独特之处在于跨文化比较的视角，这使我们能够拥有双重乃至多重的眼光，实现主体间性或跨文化间性理解。在海外民族志的研究中，我们并不局限于从中国视角去看世界，或从世界视角看中国，因为这种视角是可以灵活转换的。例如，研究东南亚国家时，我们会发现其与美国的差异；而研究巴西时，又会感受到其与阿根廷等拉丁美洲国家的不同。这种多重视角的运用，使我们能够更深入地理解不同主体及其文化。

高丙中老师曾言，海外民族志凝视世界，这种凝视实际上是人类学交互主体性的体现。在2000年以前，受限于经费等因素，我们的研究多聚焦于国内本土。但如今，随着本土与海外双重视域的拓展，我们得以从不同的位置审视中国，审视自我。研究国外，往往也是为了更好地反观自我。

正如古诗所云："横看成岭侧成峰，远近高低各不同。不识庐山真面目，只缘身在此山中。"通过多元视角看待中国，我们能够获得更为全面、深入的认识。

在海外民族志的研究中，我们不仅要关注中国符号、中国话语在世界的变迁，还要致力于讲好中国故事，提升中国话语的亲和力、感染力和互动力。这要求我们深入研究不同国家、不同地区的个案，通过这些个案反观中国，展现多元视野下的中国形象。同时也要为中国的对外开放、交流合作提供有力支撑，通过文化窗口，特别是人类学的民族志作品，让国外更好地了解中国，也让中国更好地了解国外。在学术层面，多重视角的运用能够使我们更好地反馈当下的社会变动。随着中国对外交流的日益加深，不同语种语言之间的互动也变得更加频繁。借助现代翻译工具，我们可以更好地进行跨文化交流，将正式的民族志作品与非正式的多媒介交流相结合，为教育人类学、教育学以及其他学科带来更为深远的学术影响和社会影响。

总之，海外民族志研究不仅为我们提供了多重视角理解世界的机会，还为我们讲好中国故事、促进中外文化交流合作提供了有力支撑。在学术与社会的双重层面上，它都具有不可估量的价值。

杨德睿教授：

海路老师说的我比较赞成。特别是关于跨国婚姻家庭及其子女成长的相关研究，以及国际学生、来华留学生的适应性问题，都值得进一步探讨。我联想到文化人格学派中的经典著作《菊与刀》，该书由美国学者撰写，深入剖析了日本文化，广受赞誉，至今仍是日本大学生的推荐读物。但是这样的研究不能代替当地的研究。正如美国学者通过研究中国留学生群体描绘中国文化，可能写得很好，大部分的人都会觉得挺有趣的，但这能代表中国文化吗？大家会有疑问的，不能取代。这样的研究是一个很好的开始，可以从这个点慢慢下手，但是不能替代，这和直接到当地做田野研究是两回事。

【作者简介】

海路,人类学专业博士,中国语言文学(双语教育研究方向)博士后,《民族教育研究》副主编兼编辑部主任,中央民族大学教育学院副教授、博士研究生导师。社会兼职为教育部学位与研究生教育发展中心学位论文评审专家、中国人类学民族学研究会理事、中国少数民族双语教学研究会常务理事、中国人类学民族学研究会教育人类学专业委员会常务理事兼副秘书长、《内蒙古师范大学学报(教育科学版)》编委、《民族高等教育研究》编委、国家民委人文社科重点研究基地西藏教育发展研究基地咨询委员会委员、四川省社会科学重点研究基地康巴文化研究中心学术委员会委员。

主要研究方向为铸牢中华民族共同体意识研究、民族团结进步教育研究、教育人类学、语文课程文化。独立主持国家社会科学基金教育学青年课题"广西壮汉双语教育现状调查与对策研究"、国家社会科学基金"十三五"规划2020年度教育学重点委托课题"国家'十四五'时期民族教育学科发展研究"等多项重要课题。获国家民委社会科学研究成果奖一等奖(第一作者)、第六届高等学校科学研究优秀成果奖(人文社会科学)三等奖等荣誉。在《民族研究》《西北民族研究》《中央民族大学学报(哲学社会科学版)》,以及 Frontiers in Psychology、Behavioral Sciences(SSCI)等国内外核心期刊发表论文40余篇,出版《民汉双语教育规划论》等著作多部。

守望·理解·自觉：教育的文化探索之旅

陈·巴特尔

(南开大学)

【讲座提要】

中国教育人类学学会"学·思·行"系列讲座之《守望·理解·自觉：教育的文化探索之旅》于2024年12月22日13:30—16:00在线上举办，来自全国各地的师生参与了讲座与讨论。本期讲座由南开大学周恩来政府管理学院教授、博士生导师，三亚学院特聘教授陈·巴特尔主讲，南京师范大学道德教育研究所齐学红教授主持，南京大学社会学院人类学研究所杨德睿教授点评。

陈·巴特尔教授与教育之间有着深厚的渊源，其教育理念的根基源自苏格拉底"认识你自己"与尼采"成为你自己"的哲学启示。这一理念不仅引导他历经政坛、商海的磨砺，更最终促使他回归教育领域。在自我探索的过程中，陈·巴特尔教授将自己定位为教育的守望者、自觉者和理解者。在南开大学，他专注于教育学的前沿研究，同时自觉承担起研究蒙古民族文化的重任，并深化对原住民教育的研究。在高等教育研究中，陈·巴特尔教授深受涂又光教授"三 Li 说"的启发，认为高等教育与文化之间存在着紧密的联系。他提出了"历史发展·文化变迁·高等教育演变"的研究范式，旨在深入剖析不同文化背景下高等教育的特征、规律及其对社会发展的影响。蒙古族的历史与文化，特别是游牧文化的多变性与开放性，对蒙古民族高等教育的演变产生了深远的影响。从萨满教仪式到藏传佛教寺院教育，再到现代高等教育，蒙古族教育经历了深刻的变革。此外，原住民教育也是陈·巴特尔教授关注的重点。原住民经历了前殖民、殖民和后殖民时期，其文化展现出顽强的生命力。作为教育工作者，他认为有责任关注原住民教育的发展，尊重其文化传统，提供平等的教育机会和资源，促进文化交流与融合。

我与教育的不解之缘，深植于两位哲学巨擘的智慧启迪之中——苏格拉底振聋发聩的"认识你自己"，以及尼采激励人心的"成为你自己"。这两句箴言，如同夜空中最亮的星，照亮了我人生的航程，从政坛的风云变幻到商海的波涛汹涌，最终引领我回归到了教育的温暖怀抱。在这一过程中，我不断地进行自我探索与反思，逐渐清晰地勾勒出了自己的身份轮廓：我，既是一名守望者，默默守护在教育学的前沿阵地；也是一名自觉者，自觉肩负起研究蒙古民族文化、传承民族智慧的崇高使命；更是一名理解者，致力于在南开大学这片充满智慧与灵性的沃土上，深化对原住民教育的理解与探索。

在自我探索与学术追求的征途中，我有幸得到了涂又光教授等前辈的悉心指导与无私帮助。他们不仅是学术上的引路人，更是精神上的灯塔，引领我步入了学术研究的神圣殿堂，教会了我如何以批判性的眼光审视复杂多变的教育现象，如何在纷繁复杂的教育问题中保持清醒的头脑与独立的思考。更重要的是，他们让我学会了以人文关怀的视角去关注教育，将教育的目光投射到每一个鲜活的生命个体上，关注他们的成长与发展，倾听他们的声音与需求。在涂又光教授等前辈的指引下，我更加深刻地认识到,教育不仅仅是知识的传授与技能的训练,更是灵魂的触动与精神的觉醒。它要求我们不仅要有深厚的学术功底,更要有广阔的人文视野与深邃的人文关怀。因此,我将继续秉持这一理念,在原住民教育的研究道路上坚定前行,为推动教育公平、促进文化多样性贡献自己的力量。

在高等教育研究领域,我深受涂又光教授的"三 Li 说"启发,认为高等教育作为学校教育的一个层次,是特定历史阶段的产物,与文化之间存在着复杂而潜在的关系。高等教育的产生和发展需要具备一定的文化背景,同时又能推动文化的变迁,使国家或民族适应内外环境的变化。因此,我将"历史发展·文化变迁·高等教育演变"作为研究范式,通过这一框架深入剖析不同文化背景下高等教育的个性特征、演变规律及其对社会发展的影响。我相信,只有当我们充分考虑到一个国家或民族的历史发展与文化变迁,才能更准确地把握其高等教育的演变轨迹,进而为高等教育的未来发展提供有益的启示。

接下来,我将与大家深入分享我对蒙古族历史、文化及其与高等教育之间错综复杂而又引人入胜的关系的见解。作为教育工作者,我们肩负着传承璀璨文明、启迪深邃智慧的崇高使命。在这一使命的征途中,深刻理解和领悟我们所教授的每一个民族的历史与文化,无疑构成了不可或缺且至关重要的基石。蒙古族,这个自古以来便在广袤无垠的草原上自由驰骋的民族,其悠久的历史与丰富多彩的文化,如同一幅幅波澜壮阔的历史画卷,散发着无尽的魅力与深邃的智慧。

游牧文化,作为蒙古族文化的灵魂与核心,不仅塑造了蒙古民族独特的性格与生活方式,更为其带来了前所未有的多变性与开放性。在辽阔而高寒的草原地带,蒙古族人民世代以放牧为生,他们的生活与牛羊等家畜紧密相连,财富的多寡往往以牲畜的数量来衡量。这种独特的生活方式,不仅锻造了蒙古族人民坚韧不拔、勤劳勇敢的精神品质,更促使他们不断向外探索、寻求发展,从而形成了流动不息、勇于进取的文化特质。游牧文化的多元性与包容性,为蒙古民族高等教育的演变与发展奠定了坚实的基础。在长期的游牧生活中，蒙古族人民积累了丰富的生存智慧与人生哲理，这些宝贵的文化遗产不仅为高等教育提供了丰富的教学资源与灵感源泉，更为其注入了独特的文化韵味与民族特色。同时，游牧文化的开放性也促使蒙古族高等教育不断吸收外来文化的精髓，实现了传统与现代、民族与世界的有机融合，为培养具有全球视野与本土情怀的优秀人才提供了有力支撑。

追溯蒙古族波澜壮阔的发展历程，我们不难发现其高等教育从萌芽、成长至变革的清晰脉络。在蒙古族传统游牧文化蔚然成风的时期，教育以一种独特而质朴的形式存在，深深植根于萨满教的神秘仪式、"怯薛"（即蒙古帝国时期的宫廷近卫军，兼具教育和训练功能）制度以及宫廷学校之中。这些简约而富有深意的知识传授方式，如同一股股清泉，滋养着蒙古族文化的根系，为其后续的传承与发展铺设了坚实的基石。

随着历史的车轮滚滚向前，蒙古族与中原汉文化的交流日益频繁且深入，蒙古族教育迎来了前所未有的变革契机。蒙元时期，统治者们以开放的胸襟和远见卓识，既尊崇佛教，又重视儒家学说，这一政策导向促使蒙汉两种文化从最初的碰撞与冲突，逐渐走向深度的融合与综合。在这一历史背景下，蒙古族教育开始积极吸纳汉文化的精髓，尤其是儒家文化的高深学问，成为教育内容的重要组成部分。为了适应这一文化融合的新趋势，蒙古族社会开始出现专门独立的教学机构，这些机构不仅承担着传授儒家经典的重任，还初步构建起一套相对完善的教育制度。这一系列举措，标志着蒙古族教育正式脱离了原始的萌芽状态，迈入了一个崭新的发展阶段。在这一阶段，蒙古族教育不仅保留了自身游牧文化的独特韵味，还融入了汉文化的深厚底蕴，形成了独具特色的教育体系，为蒙古族乃至整个中华民族的文化繁荣与发展注入了新的活力。

藏传佛教寺院高等教育在蒙古族教育史上占据了更为重要的地位。蒙藏文化的融合使得蒙古地区自上而下全民皈依了藏传佛教。藏传佛教构建了一套由显至密的具有不同次第的知识体系，并建立了一套以"扎仓"为基本单位的严格的修习制度和学位制度。这一时期,蒙古民族寺院教育走向定型,为蒙古族文化的传承与发展做出了巨大贡献。进入近现代,蒙古族高等教育经历了深刻的变革。清末新政中创办的满蒙文高等学堂,是蒙古民族第一个具有现代高等教育性质的高等院校。随着外力的冲突和清廷治蒙政策的改变,蒙古文化再次与汉族文化、西方文化发生接触。民国时期,受中外多种政治力量的影响并随着民族文化自觉意识的增强,蒙古族出现了政治与文化分野。这一时期,蒙古民族高等教育以科学文化知识为主,培养了大量的人才。

在当代,蒙古民族子女主要通过两种渠道接受高等教育:一是在国家创办的普通高校,特别是在内蒙古的高等学校;二是在国家特设的民族院校。内蒙古地区高校内设置的蒙语授课高等教育,更是蒙古民族高等教育的独特形式。这种教育形式不仅传承了蒙古族的语言与文化,也为蒙古族学生提供了更加贴近自身文化背景的教育环境。作为研究者,我们应该深刻认识到,一个民族的高等教育根植于这个民族的文化土壤中。我们不能以彼国、彼民族、彼文化的高等教育标准来衡量此民族的高等教育及其发展水平。我们应该尊重并珍视每个民族的文化传统,通过教育来传承和发展这些文化传统。

然后,我们开启下一个话题——历史文化视野中的原住民教育。这不仅是一个学术研究的热点,更是我们作为教育工作者必须面对和深思的社会责任。让我们首先从宏观的学科发展视角,来深刻审视原住民及少数民族教育所承载的重要意义。教育,这一塑造人类心智、传承文化精髓的伟大事业,与人类学之间存在着悠久而深厚的联系,特别是在原住民及少数民族教育的领域,这种联系尤为显著。正是这种紧密的关联性,催生了教育人类学这一独特的交叉学科,它犹如一座桥梁,连接着不同文化背景下的教育实践与理论探索,致力于深入剖析并揭示教育的本质与规律。

从学科本体论的维度出发,人类学作为一门研究"异文化"的学科,其研究视野始终聚焦于那些被边缘化或少数化的文化形态,这其中包括了殖民地时期的原住民文化以及多民族国家内部的少数民族文化。这些"异文化"不仅是人类学研究的宝贵资源，更是理解人类多样性、促进文化平等与尊重的重要基石。教育，作为文化传承与创新的关键环节，与文化之间存在着千丝万缕的联系。它不仅是个体社会化的重要途径，更是民族文化得以延续与发展的重要载体。因此，原住民教育及少数民族教育，作为教育实践中不可或缺的一部分，自然而然地成为教育人类学关注的核心议题。这些领域的研究，不仅关乎教育公平与质量的提升，更涉及文化认同、民族自尊以及社会和谐等更为深远的社会议题。

在教育人类学的框架下，原住民及少数民族教育的研究不仅是对教育现象的简单描述，更是对文化深层次结构与功能的深刻剖析。它要求我们以开放的心态、敏锐的洞察力以及深邃的人文关怀，去倾听那些被主流话语所遮蔽的声音，去挖掘那些隐藏在日常生活背后的文化逻辑与教育智慧。通过这样的研究，我们不仅能够更好地理解原住民及少数民族教育的独特价值与面临的挑战，更能为构建更加包容、公正的教育体系提供有力的理论支撑与实践指导。

我们需要明确"原住民"这一概念。原住民是指那些在被侵占和被殖民前就在其领土上发展起来，具有历史连续性的社群、民族和部族。他们与所居住的领土紧密相连，享有自己独特的文化模式、社会组织和法律制度。原住民经历了被征服和被殖民的历史，在所在国家往往处于非主体地位，受到歧视和边缘化。然而，他们依然决意按照自己的方式保存、发展并传承其祖传领土和民族独特性。

在历史的长河中，原住民经历了前殖民、殖民和后殖民三个时期。在前殖民时期，原住民文化按照自己的发展轨迹自然发展，形成了与各自自然环境相适应的生活方式和社会组织结构。然而，随着欧洲殖民主义的扩张，原住民的历史被中断，他们的土地被占领，人口被屠杀或灭绝，文化被同化或摧毁。进入后殖民时代，尽管殖民主义大势已去，但原住民的地位并未得到根本改善。他们在政治、经济、社会等方面仍处于弱势地位，面临着外来移民文化和全球性现代化的双重挑战。

值得庆幸的是,在全球化的浪潮中,原住民文化并未因西方文化的广泛传播而黯然失色,反而如同璀璨星辰,在多元文化的天空中熠熠生辉。在与世界各民族的广泛交往中,原住民文化非但没有消逝,反而展现出了一种令人钦佩的调适与重构能力,这种能力如同坚韧的藤蔓,紧紧缠绕在历史的长河中,见证了文化的顽强生命力与不竭创造力。我们必须认识到,世界上各民族的文化犹如万花筒中的斑斓色彩,它们之间存在着类型上的差异,却并无水平上的高低贵贱之分。原住民文化,绝非西方文化进化链条上的低位物种,也绝非欧洲文化遥远过去的简单回响。它们是独立发展、自成体系的文化瑰宝,蕴含着独特的智慧与价值,是人类文化多样性的重要组成部分。历经数百年的教化尝试与地理隔离,原住民文化依然坚韧不拔地生存下来,这不仅是对文化生命力的最好证明,更是对"文化中心论"的有力反驳。它们用自己的存在告诉我们,文化并无绝对的中心与边缘之分,每一种文化都有其存在的合理性与独特性,都值得我们以敬畏之心去学习与尊重。

原住民文化的调适与重构,不仅是对自身传统的坚守与创新,也是对全球化时代文化多元共生理念的生动诠释。它们以开放包容的姿态,与其他文化进行交流与对话,共同编织着人类文明的多彩画卷。在这个过程中,原住民文化不仅丰富了世界文化的多样性,更为人类社会的和谐共存与共同发展提供了宝贵的智慧与启示。新西兰和澳大利亚等原住民文化的独特魅力和顽强生命力,不仅让我们看到了原住民文化的多样性和丰富性,更让我们深刻认识到保护和传承原住民文化的重要性。作为教育工作者,我们有责任和义务关注原住民教育的发展。我们应该尊重原住民的文化传统和独特性,为他们提供平等的教育机会和资源。同时,我们也应该通过教育来促进不同文化之间的交流与融合,培养具有全球视野和跨文化交流能力的优秀人才。

最后,和各位老师分享我的一些个人心得,关于如何成为一名优秀的博士研究生导师。这是对我们学术能力与教育智慧的双重考验。以我之见，学习成为博导的方法是为学、传道与建场。

为学，不仅是对知识的渴求，更是对学者身份与成长路径的深刻探索。这意味着，我们需要持续不断地学习，深化自己的专业领域，拓宽跨学科视野，紧跟学术前沿。同时，我们也要反思自身的学术成长经历，提炼出那些能够激发学生潜能、引导他们走向学术巅峰的关键要素。传道授业，是教师的天职，而作为博导，我们的传道不仅仅是知识的传授，更是学术精神的传承。我们要深入了解每个学生的特点与潜能，因材施教，激发他们的学术兴趣与创造力。同时，传道也意味着我们要以身作则，传递学术诚信、批判性思维与人文关怀的价值观念，让学生在追求学术卓越的同时，成长为有担当、有情怀的学者。在这个过程中，我们要勇于打破传统教学的束缚，创新教学方法，让课堂成为思想碰撞与灵感迸发的舞台。构建学术场域，是博导职责中不可或缺的一环。学术场域，是一个由学者、研究团队、学术资源及学术氛围共同构成的生态系统。作为博导，我们需要发挥群体动力与团队力量的作用，营造开放、包容、合作的学术环境。同时，我们还要鼓励创新思维，支持学生参与科研项目，通过实践培养他们的科研能力与团队协作能力。建场的过程，是一个不断迭代与优化的过程，它需要我们持续投入精力，耐心呵护，让学术场域成为孕育新知、培养人才的沃土。

❉ 专家点评与互动交流

杨德睿教授：

首先，我要向陈·巴特尔教授表达我最诚挚的敬意和感谢。在讲座中，我深深感受到这是一场"味儿很纯正的教育人类学"的分享！教育人类学，作为一门深入探究教育与人类文化关系的学科，始终坚守着对人类行为、思想、情感及其文化背景的深刻洞察与理解。陈·巴特尔教授研究的"纯正"，不仅体现在对学科本质的坚守，更体现在对多元文化的尊重与包容上。在研究蒙古文化与原住民文化时，秉持这一原则，深入挖掘教育现象背后的文化逻辑，以丰富我们对人类教育行为的理解。而且还有一个重要的原因，和我接下来提到的内容有关，主要关于在教育研究中"发现问题"，并且有自己独特的思考。

　　对于"范式"，我可能和陈·巴特尔教授有着不完全相同的理解。在我看来，研究范式是科学研究中不可或缺的一部分。它基于一系列不可推翻的基本假定，为我们提供了提出问题、构建理论、设计研究方法的框架。这些假定是不可动摇的，它们为我们的研究提供了方向性和稳定性。然而，范式并非一成不变，它随着学科的发展而不断进化。陈·巴特尔教授提出的研究范式，在我看来，实质上是视野上的一种创新。它不仅仅是一种方法论的革新，更是一种思维方式的转变。它鼓励我们在研究中跳出传统框架，以更加开放和多元的视角去审视问题，从而发现新的研究路径和学术增长点。

　　在蒙古文化与原住民文化这一广阔而深邃的研究领域中，一种全新的研究范式正日益凸显其不可替代的重要性。这些文化背景下的教育现象，犹如一颗颗璀璨的明珠，镶嵌在人类文明的璀璨星河之中，它们不仅蕴含着丰富的历史底蕴与文化精髓，更展现出独特性与复杂性的鲜明特征。然而，传统的研究范式往往难以全面捕捉这些文化背景下教育现象的独特韵味与深层逻辑，如同一面有限的镜子，难以映照出整个世界的无限风光。因此，我们迫切需要借助一种全新的视野和方法，去深入挖掘这些文化中的教育智慧，去揭示那些被传统范式所遮蔽、被忽视或误解的真相。这种新的研究范式，不仅要求我们在方法论上实现突破与创新，更需要在思想层面实现跨越与飞跃，以更加开放、包容、多元的心态去审视和解读这些文化背景下的教育现象。

　　通过这样的研究，我们不仅能够更全面地理解蒙古文化与原住民文化中的教育智慧，揭示其独特的文化逻辑与教育规律，更能为教育人类学的学科发展注入新的活力与动力。这种活力，不仅体现在对既有理论的丰富与完善上,更体现在对新理论的探索与构建上;这种动力,不仅推动着我们对教育现象的深入理解,更激励着我们对教育实践的革新与创造。

最后,作为教育人类学的研究者,一方面,我们要向陈·巴特尔教授学习,深入挖掘文化中的教育现象,揭示其背后的文化逻辑和教育智慧;另一方面,我们也要以开放和包容的心态,去接纳和理解这些文化中的差异和多样性。只有这样,我们才能真正做到"味儿纯正"的教育人类学研究,为推动学科的发展和人类文明的进步贡献我们的力量。

请问当地学习蒙藏文化,具体是用什么语言学习的?又经历了多长时间?

陈·巴特尔教授:

学习者们先是通过藏语进行学习,随后再转向蒙古语,这是一个经过本地化的过程。虽然我没有具体计算过这个过程所需的时间,但可以肯定的是,这绝非一朝一夕之功。传教人在回到蒙古传教之前,他们在外面学习语言的过程是漫长且艰辛的。这种对语言的深入学习和掌握,是他们能够深入理解和传播蒙藏文化的基础。

乌尔洪老师(内蒙古师范大学):

请问您有没有在俄罗斯做过田野调查?俄罗斯卡尔梅克共和国的蒙古族文化、教育和新疆的蒙古族是否有很多相似之处?

陈·巴特尔教授:

我必须坦诚地说,我并没有这样的经历,因此在这个问题上我没有发言权。但我可以分享一些我的思考。我认为,由于游牧文化的流动性,它与汉族文化有着显著的不同。游牧文化在历史上多次断裂,这种断裂使得不同地区的游牧文化在发展过程中形成了各自独特的特色。因此,俄罗斯卡尔梅克共和国的蒙古族文化和教育与新疆的蒙古族文化之间存在的相似之处,或许正是这种游牧文化流动性的体现。

听众1:

请问您提出的这一范式,是否可以从某一民族文化的发展迁移至某一地区、城市的文化历史发展呢？

陈·巴特尔教授：

我认为这是完全可行的。文化存在地域差异，内陆、高原等不同地域的文化形态各不相同。自然环境在很大程度上决定了人们的生存方式，而生存方式又进一步决定了文化传统。当然，除了自然环境外，还有其他多种因素也在影响着文化的发展。因此，我们可以尝试将某一民族文化的范式，应用于某一地区或城市的文化历史发展中，以揭示其独特的文化特征和演变规律。

听众2：

请问，教育人类学只能解决什么问题？具体怎样解决？无法解决什么问题？其根本原因是什么？

陈·巴特尔教授：

教育人类学主要解决的是围绕某一领域的研究问题。我们不能三心二意，必须专注于自己的研究领域。同时，我们需要思考自己与研究的适配度，以及自己适合进行什么样的研究。教育人类学的研究具有两个主要功能：一是为自己的学科生产新知识、培养新人才；二是通过文化类的研究，让我们自身得到升华和成长。然而，教育人类学也并非万能，它无法解决所有问题。有些问题可能超出了我们的研究范畴或能力范围，这时我们需要保持谦逊和敬畏之心，认识到自己的局限性。

齐学红教授：

非常感谢陈·巴特尔教授向我们分享的一些观点和思考，我今天收获颇丰。首先，我想强调的是，观念在研究中是至关重要的。在演讲中，您提到"蒙古族没有高等教育"的观念。高等教育，就是研究高深学问的教育，其形态和内涵在不同的文化背景下可能呈现出截然不同的面貌。在蒙古族文化中，高等教育存在与否不是我想谈论的重点。我想突出的是，发现这一现象的观点是非常重要的，需要我们敏锐地观察并捕捉。

接下来，我渴望深入探讨一个至关重要的议题——研究范式的革新。

在我看来，研究范式的创新不仅是学科发展的催化剂，更是推动知识边界拓展的核心动力。提及此，不得不提到陈·巴特尔教授在其卓越研究中所开创性提出的一种新型研究范式，即将"历史发展·文化变迁·高等教育演变"三者紧密融合，构建了一个既宏大又精细的研究框架。这一范式犹如一盏明灯，照亮了我们探索蒙古文化与原住民文化中教育现象的崭新路径，为我们提供了前所未有的广阔视野与深刻的分析工具。

在这一范式下，历史发展不再是孤立的时间线，而是成为理解文化变迁与高等教育演变不可或缺的背景与脉络。文化变迁，作为连接过去与未来的桥梁，其动态过程深刻影响着教育理念的传承与创新，以及教育实践的形态与走向。而高等教育的演变，则是在历史与文化的双重塑造下，展现出独特的发展轨迹与价值取向。三者相辅相成，共同构成了一个复杂而精妙的教育生态系统。陈·巴特尔教授的这一创新范式，不仅挑战并超越了传统研究框架的局限，更为我们打开了一扇通往新知的大门。它鼓励我们跳出固有的思维模式，以更加灵活多元的视角去审视教育现象，从而激发更多的学术灵感与深度思考。这种范式的引入，无疑为蒙古文化与原住民文化的研究领域注入了新的活力，推动了学术研究的深化与拓展。

我深信，随着这一新型研究范式的广泛应用与深入推广，我们必将在蒙古文化与原住民文化的研究领域取得一系列令人瞩目的突破与进展。这些成果不仅将丰富我们的学术宝库，更将为促进文化多样性、推动教育公平与质量提升贡献宝贵的智慧与力量。在这个过程中，每一位学者都将是探索者、创新者与贡献者，共同书写着人类教育文明的新篇章。

在原住民的高等教育研究方面，我承认自己还存在一些疑惑和困惑。原住民的高等教育，究竟是一个研究领域，还是一种研究方法？这个问题困扰着我，也让我更加深入地思考原住民文化与教育之间的关系。我认为，这个问题并没有一个简单的答案，它取决于我们如何定义和理解"原住民的高等教育"。但无论如何，我们都需要以更加严谨和深入的态度去研究这个问题，以揭示原住民文化中高等教育的独特性和价值。

陈·巴特尔教授还和我们分享了自己作为博导的一些思考，这给予我很多的启示，也促使我去反思自己。虽然我已经做了很多年的博士生导师，但从未认真思考过"怎么成为优秀的博导"。这一关于"博导"的思考很有价值，作为一名博士生导师，我们不仅需要具备深厚的学术功底和敏锐的学术洞察力，更需要具备一种开放和包容的心态，去接纳和尊重不同观点和思维方式的学生。只有这样，我们才能培养出更多具有创新精神和实践能力的优秀人才，这也是我们教育的重点。

最后，陈·巴特尔教授提到"从跨文化比较走向跨文化理解"的观点，这该怎么理解？我想请您做一个回应。跨文化比较是学术研究中的重要方法之一，它并不应该成为评判文化高低的标准。当我们比较不同的文化时，我们应该以平等和尊重的态度去对待每一种文化，去挖掘它们各自的独特性和价值。但是客观而言，比较不同的文化，就会有高低的结果。所以该如何理解"从跨文化比较走向跨文化理解"的观点？

陈·巴特尔教授：

谈及"跨文化理解"，在研究原住民文化的广阔天地里，它不仅仅是一项学术任务，更是一场深刻的心灵之旅，要求研究者实现认知与情感的双重交融与共鸣。理解的原点，根植于研究者对研究对象文化背景与历史的深度"熟知"。这绝非仅仅局限于翻阅冰冷的文献、搜集零散的资料，而是要求研究者如同一位穿越时空的旅者，置身于历史的洪流之中，去亲身感受那些古老文明的每一次脉动，去深刻理解它们如何在岁月的长河中历经沧桑、薪火相传。

然而，真正的跨文化理解，其深度与广度远不止于此。它要求研究者与研究对象之间的交流，不能仅仅停留在浅尝辄止的认知层面探讨，而应深入到情感与体验的层面，实现心灵的触碰与共鸣。我深知，文化的精髓往往并不显于宏大的叙事或理论的堆砌，而是潜藏于日常生活的细微之处，流淌在每一次节日庆典的欢声笑语中，蕴含在每一个平凡而又真挚的情感表达里。因此，我始终努力让自己成为原住民文化中的一员，不仅仅是作为一个旁观者,而是作为一个参与者、体验者,全身心地投入到他们的生活中去。我参与他们的节日庆典,与他们一同分享喜悦与悲伤,一同感受生活的酸甜苦辣。在这个过程中,我学会了用他们的眼光去观察这个多彩的世界,用他们的语言去细腻地表达内心的情感。这种情感层面的共鸣,不仅让我的研究充满了人性的温度,更让我的理解达到了前所未有的深度与广度。

通过这样的跨文化理解之旅,我深刻体会到,文化的交流与融合,不仅仅是知识的传递与技能的共享,更是情感的交融与心灵的触碰。它要求我们以更加开放、包容的心态,去倾听那些不同的声音,去感受那些不同的情感,从而在相互理解的基础上,共同构建一个更加和谐、多元的世界。当这种交流深入到行为层面时,我发现,自己似乎已经与研究对象融为一体。在这样的时刻,文化的界限似乎变得模糊,我们不再是学者与被研究者的关系,而是共同探索人类多样性与共通性的伙伴。我们忘记了正在进行的文化比较,因为在这一刻,我们已经是彼此文化的一部分,共同呼吸,共同感受。

正是这种从认知到情感,再到行为的全面深入,让我深刻体会到,"理解"的真正含义。它不仅仅是对知识的掌握,更是对人性、对文化的深刻洞察与共情。作为大学教授,我们有责任将这种深刻的理解传递给每一位学生,引导他们学会尊重每一种文化的独特性,同时也认识到人类文明的共同价值。让我们在学术研究的道路上,不仅追求知识的广度与深度,更不忘心灵的交流与共鸣,共同推动文化的传承与发展。

【作者简介】

陈·巴特尔博士,蒙古族,内蒙古乌拉特中旗人,南开大学周恩来政府管理学院教育经济与管理专业博士生导师,高等教育研究所教授。英国剑桥大学访问学者(2011),哈佛燕京学者(2015)。全国民族教育专家委员会委员,中国人类学民族学研究会常务理事,教育人类学专业委员会常务理事，中国心理学会民族心理专业委员会理事。第十六届世界人类学、民族学大会"原住民、少数民族教育与人类文化多样性"专题会议主席（2009），第一届亚太地区原住民及少数民族高等教育论坛秘书长（2008），第二届亚太地区原住民及少数民族高等教育论坛主席（2018）。《民族高等教育研究》编委。主要研究方向为：少数民族高等教育、原住民教育、教育管理、比较教育。出版相关著作8部，在中文核心期刊上发表论文100余篇，主持相关课题项目10项。先后应邀赴加拿大、美国、新西兰、英国、澳大利亚、乌兹别克斯坦、俄罗斯、蒙古、新加坡、马来西亚等国访问交流。